EDIÇÕES BESTBOLSO

Para além do bem e do mal

Friedrich Nietzsche (1844–1900) foi um dos maiores pensadores e filósofos de todos os tempos, tendo trabalhado também como filólogo, crítico cultural, poeta e compositor. Seus textos abrangem temas diversos, dentre os quais predominam a religião, a moral e a ciência. Uma de suas principais obras, *Para além do bem e do mal* apresenta um tom mais crítico que os livros anteriores, com reflexões sobre o trabalho do filósofo, diversos paradigmas da história da filosofia e das artes, e também a situação política da Europa na época. O autor considerava esta sua principal obra dentre tantas de grande importância. Nietzsche deixou um legado de questionamentos e ideais estudados até hoje em todo o mundo.

Friedrich Nietzsche

PARA ALÉM DO BEM E DO MAL

Tradução
ATTILA BLACHEYRE

Posfácio à edição de bolso
ANTONIO VALVERDE

2ª edição

EDIÇÕES
BestBolso
RIO DE JANEIRO – 2018

CIP-BRASIL. CATALOGAÇÃO NA FONTE
SINDICATO NACIONAL DOS EDITORES DE LIVROS, RJ

Nietzsche, Friedrich, 1844-1900
N581p Para além do bem e do mal / Friedrich Nietzsche; tradução
2ª ed. Attila Blacheyre. – 2ª ed. – Rio de Janeiro: BestBolso, 2018.
12 × 18 cm.

Tradução de: Jenseits von Gut und Böse
ISBN 978-85-7799-457-1

1. Nietzsche, Friedrich Wilhelm, 1844-1900. 2. Filosofia alemã.
I. Título.

CDD: 193
14-16597 CDU: 1(43)

Para além do bem e do mal, de autoria de Friedrich Nietzsche.
Título número 415 das Edições BestBolso.
Segunda edição impressa em maio de 2018.
Texto revisado conforme o Acordo Ortográfico da Língua Portuguesa.

Título original alemão:
Jenseits von Gut und Böse

www.edicoesbestbolso.com.br

Design de capa: Carolina Vaz.

Impresso no Brasil

ISBN 978-85-7799-457-1

Sumário

Prólogo

Supondo que a verdade seja uma mulher...

... Como? Não existe a fundamentada desconfiança de que todos os filósofos, desde que fossem dogmáticos, entendiam mal as mulheres? E que a horrível seriedade, a desajeitada intromissão com a qual até agora eles costumaram buscar a verdade não eram meios inábeis e inconvenientes para assim tomarem posse de uma dama? E o fato é que não a tomaram: e hoje todo tipo de dogmatismo ali se detém, triste e desanimado. Se é que ainda consegue ali permanecer! Pois existem escarnecedores a afirmar que ele tombou, que todo dogmatismo jaz por terra, mais ainda, que todo dogmatismo convulsiona nos últimos estertores. Falando sério: existem bons motivos para a esperança de que toda dogmatização na filosofia – por mais solene, final e última que possa ter parecido sua encenação – só logrou ser uma nobre infantilidade e iniciação; e talvez esteja muito próximo o tempo em que cada vez mais se compreenderá o que de fato fundamentou as bases dessas estruturas filosofais sublimes e incondicionais até agora erigidas pelos dogmáticos: qualquer superstição popular de tempos imemoriais (como a superstição da alma que, como superstição no sujeito e no eu, ainda hoje não deixou de praticar suas travessuras), talvez qualquer jogo de palavras; uma tentação por parte dos gramáticos ou uma ousada generalização de fatos mais estreitos, mais pessoais, mais humano, demasiado humano. A filosofia dos dogmáticos foi apenas uma promessa desejada ao longo de milênios: tal como a astrologia em tempo ainda mais remoto e em cujo serviço talvez tenha sido demandado mais trabalho, dinheiro, perspicácia e paciência do que em qualquer ciência real: deve-se a ela e às suas pretensões "extraterrestres" na Ásia e no Egito o grande estilo da arquitetura. Parece que todas as grandes coisas, as quais a humanidade inscreveu no coração como anseio eterno, precisam caminhar inicialmente sobre a Terra com máscaras imensas e apavorantes: uma de tais carrancas foi a filosofia dogmática como, por exemplo, a doutrina vedanta na Ásia e o platonismo na Europa. Não sejamos ingratos com ela, mas, da mesma forma, deve-se admitir que o pior, mais tedioso e perigoso de todos os erros foi até agora um erro dos dogmáticos: a invenção platoniana do espírito puro e do bom em si. Mas doravante – onde ele é superado, onde a Europa respira mais aliviada desse pesadelo e ao menos pode desfrutar de um sono mais saudável – somos nós, *cuja missão é a própria vigília*, os herdeiros de toda a força grandiosamente gerada pela luta contra esse engano. Ele representa algo como colocar a verdade de pernas para o ar e mesmo negar a perspectiva e a condição essencial de toda a vida ao falar assim do espírito e do bom como o fez Platão; sim, como médicos, devemos questionar: "De onde vem tal doença em Platão, o mais belo rebento da Antiguidade? Teria o pérfido Sócrates o corrompido? Seria Sócrates o corruptor da juventude? E teria ele merecido a sua cicuta?" Mas a luta contra Platão ou, para dizê-lo de modo mais compreensível e para o "povo", a luta contra a milenar pressão cristã-eclesiástica – pois o cristianismo é um platonismo para o "povo" – gerou na Europa uma magnífica tensão do espírito nunca vista na Terra: com um arco tão retesado pode-se doravante disparar rumo a objetivos mais longínquos. E certamente o homem europeu já sente essa tensão como uma premência; ainda que julgados em grande estilo por duas vezes já se tentado afrouxar o arco; a primeira vez por meio do jesuitismo; a segunda por meio da educação democrática: quando esta, com a ajuda da liberdade de imprensa e da leitura de jornais, acabaria conseguindo que o espírito não se sentisse tão facilmente ele próprio como "aflição"! (Os alemães inventaram pólvora; mérito deles! Porém, compensaram o feito... inventando a imprensa.) Mas nós que não somos suficientemente jesuítas e tampouco democratas ou mesmo alemães, nós, *bons europeus* e espíritos livres, *muito livres*, nós ainda temos toda a necessidade do espírito e toda a tensão do seu arco! E talvez também da flecha, da missão, e quem sabe?, o alvo...

Sils-Maria, Alta Engadina, junho de 1885.

1
Sobre os preconceitos dos filósofos

1.

O desejo pela verdade, que nos tentará muitos riscos, essa célebre verdade sobre a qual até agora todos os filósofos falaram com reverência. E com que perguntas esse desejo pela verdade já nos deparou! Perguntas das mais surpreendentes, ruins e questionáveis! É uma longa história, e não parece, todavia, que mal começou? Não surpreende que afinal nos tornemos desconfiados, que perdamos a paciência e nos impacientemos? Que diante dessa esfinge não estejamos aprendendo também a formular o nosso questionamento? *Quem* de fato nos faz perguntas? *O que* em nós deseja efetivamente "a verdade"? De fato nos detivemos por muito tempo ante a pergunta sobre a origem dessa vontade... Até pararmos totalmente diante de uma questão ainda mais fundamental. Nós questionávamos o *valor* dessa vontade. Ou seja, queremos mesmo a verdade? *Por que não a inverdade?* Ou a incerteza? Ou mesmo a ignorância? O problema do valor da verdade se apresentou diante de nós; ou seríamos nós que com ele nos deparávamos? Quem de nós aqui é Édipo? Quem é a esfinge? Parece se tratar de um encontro de perguntas e interrogações. E poderia se acreditar que o problema afinal se revela a nós como nunca antes, como se fosse percebido por nós pela primeira vez, capturado pela ousadia do olho? Pois ele é um *risco*, e talvez não haja outro maior.

2.

"Como *poderia* algo surgir do seu oposto? Por exemplo, a verdade a partir do engano? O desejo da verdade a partir do desejo do engano? Ou a ação altruísta a partir do egoísmo? Ou o olhar puro e radioso do sábio a partir da cobiça? Tal formação é impossível, e quem a supõe é no mínimo um tolo; as coisas de valor mais elevado devem ter uma origem outra, *própria*. Não podem derivar desse pequeno mundo transitório, tentador e enganador; deste tumulto de demência e cobiça! A base deve estar, ao contrário, no seio da existência, no imperecível, no Deus oculto, na 'coisa em si' e em nenhuma outra parte!" Este modo de julgar constitui o típico preconceito pelo qual os metafísicos de todas as épocas sempre se deixaram reconhecer; esse tipo de avaliação de valor sempre se manteve por trás de todos os seus procedimentos lógicos; a partir dessa sua "crença" eles se esforçam pelo seu "saber", por algo festivamente batizado de "a verdade". A crença fundamental dos metafísicos é a *crença nos contrastes de valores*. Nem no meio dos mais cautelosos dentre eles não ocorreu duvidar, no limiar, justo ali onde ele era mais necessário; até quando louvaram o "*de omnibus dubitandum*".* Não caberia duvidar primeiro se existem mesmo tais opostos e, em segundo lugar, se essas avaliações de valor e oposições de valor populares – sobre as quais os metafísicos imprimiram seu selo – não seriam talvez apenas avaliações de primeiro plano, perspectivas apenas preliminares e ademais vindas talvez de um canto qualquer; talvez emergidas das baixezas como "perspectivas de sapo", para usar uma expressão familiar entre os pintores? Ante todos os valores reconhecidos no verdadeiro, no verossímil e no altruísta seria bem possível atribuir em contrapartida um valor mais fundamental e elevado para toda a vida fundamentado

*Duvidar de tudo. (*N. do T.*)

na aparência, no desejo de engano, no interesse próprio e na cobiça. Seria até possível que o valor representativo dessa boa e honrada coisa consista mesmo em ser ardilosamente aparentado, ligado, entrelaçado e talvez em essência igual àquela coisa má de aparência oposta. Talvez! Mas quem desejaria se aventurar nesse perigoso talvez? Para tanto deve-se aguardar a chegada de um novo gênero de filósofos diferentes em gosto e inclinação dos de até agora; filósofos do perigoso talvez em todos os sentidos. E, falando com toda a seriedade, eu vejo a chegada desses novos pensadores.

3.

Depois de observar bastante os filósofos nas entrelinhas e nos gestos eu disse a mim mesmo: convém situar a maior parte do pensamento consciente entre as atividades instintivas, até no caso do pensamento filosófico; aqui cabe um reaprendizado tal como em relação ao hereditário e ao "inato". Assim como o ato do nascimento não conta no processo de hereditariedade; nem a "consciência" *se opõe* ao instinto de modo decisivo. O pensamento mais consciente de um filósofo é conduzido de modo secreto por seus instintos e coagido a determinados caminhos. E por trás de toda lógica e de sua aparente autonomia de ação encontram-se também tabelas de valores ou, falando mais claro, exigências fisiológicas para a manutenção de um determinado tipo de vida. Por exemplo, que o certo possui mais valor do que o incerto; a aparência, menor valor do que a "verdade": todavia tais avaliações poderiam, em toda a sua importância reguladora para nós, serem apenas pareceres superficiais, um determinado tipo de tolice caso se mostrem inúteis para a conservação dos seres tal como somos. Isso supondo não ser exatamente o homem "a medida das coisas"...

4.

A falsidade de um julgamento não constitui qualquer objeção contra ele; nisso a nossa nova língua talvez soe do seu modo mais estranho. A pergunta é: até que ponto os juízos fomentam a vida, conservam a vida e a espécie, ou talvez até aprimorem a espécie; e nossa inclinação básica é afirmar que os julgamentos mais falsos (aos quais pertencem *a priori* os julgamentos sintéticos) são para nós os mais indispensáveis. Assim, não se poderia viver sem aceitar as ficções da lógica, sem comparar a realidade com o mundo puramente inventado do incondicional, do igualar a si mesmo, e sem a contínua falsificação do mundo por meio do número; logo a renúncia aos julgamentos falsos seria uma renúncia à vida, uma negação da vida. Afirmar a inverdade como uma condição da vida... Isso por certo significa opor perigosa resistência aos habituais sentimentos de valores; e uma filosofia com tal ousadia, só por isso, se coloca além do bem e do mal.

5.

O que induz a se encarar todos os filósofos de modo meio desconfiado, meio irônico, não é que sempre transpareça o quanto estes são inocentes ou a frequência e facilidade com que se equivocam e se enganam. Ou seja, sua puerilidade e infantilidade, e sim a impossibilidade de uma aproximação suficientemente honesta com eles quando, todos juntos, fazem um grande e virtuoso alarde tão logo o problema da veracidade for abordado, ainda que de longe. Todos eles se posicionam como se tivessem desenvolvido e alcançado suas próprias opiniões pelo autodesenvolvimento de uma dialética fria, pura e divinamente despreocupada (para a diferenciação ante os místicos de todos os graus, os quais são mais honestos do que eles e, desajeitados, falam de "inspiração"). Na verdade, o que defendem por razões ocultas é uma premissa aleatória, uma ideia, uma "inspiração" e em geral um desejo abstrato e filtrado do coração. Todos eles são advogados inconfessos e, a bem do fato, em geral até arautos astutos dos seus julgamentos por eles batizados de "verdades", e acham-se *muito* distantes da coragem de consciência a qual admite precisamente tal erro, acham-se, portanto, muito longe do bom gosto da coragem a qual revela isso, seja para advertir um inimigo ou um amigo, seja por elevação de espírito e para rir de si mesmo. A tartufice* igualmente rígida e moralista do velho Kant nos atrai para os labirintos dialéticos e nos conduz, ou melhor, induz ao seu "imperativo categórico" – encenação para nosso entediado sorriso que nela sequer encontramos a menor diversão em observar mais de perto a armadilha sutil do velho moralista e pregador da moral. O mesmo se dá com aquele "abracadabra" de formulação matemática com o qual Espinoza parece blindar e mascarar sua filosofia, "seu amor à verdade", interpretando, por fim, a palavra de modo certo e simples para com isso intimidar de antemão a coragem do agressor que ousaria lançar o olhar sobre virgem invencível, Palas Atena. Quanta timidez e vulnerabilidade revela essa máscara de um doente solitário!

6.

Gradualmente percebi o que foi até agora toda grande filosofia: a efetiva autoconfissão do seu criador, uma espécie de memórias involuntárias e despercebidas, da mesma maneira que as intenções morais (ou imorais) em toda a filosofia constituem o germe real da vida e a partir dele sempre cresce a planta inteira. Na verdade agimos bem (e inteligentemente) ao buscarmos sempre em primeiro lugar a explicação de como as mais remotas afirmações metafísicas de um filósofo vieram à existência: de que moral

*Tartufice: falsidade, como o personagem Tartufo, da comédia de mesmo nome de Molière. (*N. do E.*)

emergiram (ele emergiu)? Não creio, portanto, que um "impulso para o conhecimento" seja o pai da filosofia, e sim um outro impulso, que tanto aqui quanto alhures se serviu do conhecimento (e do equívoco!) como ferramenta. Quem ainda assim busca o impulso fundamental do homem, por mais que exatamente aí este impulso tenha gostado de representar seu jogo como gênios *inspirados* (ou demônios e duendes), descobrirá que todos eles filosofaram alguma vez – e que cada um deles quis muito representar a si como sentido definitivo da existência e como legítimo *mestre* de todo os demais impulsos. Todo impulso anseia por dominar e, como tal, tenta filosofar. Por certo entre os eruditos, essas pessoas realmente científicas, isso poderia ser diferente e "melhor" se assim se quiser dizer. Nesse meio poderia haver realmente algo como um impulso para o conhecimento, algum mecanismo de relógio, pequeno e independente, o qual, bem-acondicionado, trabalhasse valente e livre, *sem* que todos os demais impulsos do erudito se envolvam de modo essencial nessa tarefa. Assim os "interesses" reais dos eruditos se situam em geral totalmente fora desse âmbito, migrando talvez para a família ou para os negócios, ou para a política; sim, é quase indiferente que se coloque sua pequena máquina neste ou naquele lugar da ciência, e se o jovem trabalhador "promissor" faz de si um bom filólogo, ou especialista em fungos, ou químico. E não *faz diferença* que ele se torne isto ou aquilo. No que tange ao filósofo, de modo inverso, nada, nada mesmo, é impessoal; e especialmente a sua moral dá um testemunho decisivo e crucial de *quem ele é*, ou seja, em qual hierarquia o mais íntimo impulso da sua natureza o situará ante os outros.

7.

E quão maliciosos podem ser os filósofos! Nada conheço de mais venenoso do que o gracejo que Epicuro se permitiu contra Platão e os platônicos: ele os chamava de *Dionysiokolakes*.

Ao pé da letra e à primeira vista isso significa "aduladores de Dionísio", e portanto acessórios do tirano e bajuladores; contudo também queria dizer que "são todos meros atores sem autenticidade" (pois *Dionysiokolakes* era uma designação popular para atores). E por fim viria a genuína malícia proferida por Epicuro contra Platão: irritava-lhe a grandiloquente maneira, o *se colocar em cena* com que Platão se portava junto a seus alunos. Epicuro não os compreendia! Ele, o velho mestre-escola de Samos; ele que se sentava escondido no seu pequeno jardim em Atenas e escrevia trezentos livros, quem sabe? Talvez por raiva e inveja de Platão? Cem anos foram necessários para que a Grécia descobrisse quem de fato fora esse deus do jardim chamado Epicuro... E descobriu mesmo?

8.

Em toda a filosofia há um momento em que a "convicção" do filósofo sobe no palco ou, para dizê-lo na linguagem de um velho mistério:

adventavit asinus
*pulcher et fortissimus.**

9.

Querem *viver* "conforme a natureza"? Ó nobre estoico, que enganação da palavra! Concebem um ser, tal como a natureza: esbanjador sem medida, indiferente sem medida, sem intenções e considerações, sem misericórdia e justiça; ao mesmo tempo fecundo, desolado e incerto? Concebem a própria indiferença como um poder? Como poderíeis viver em conformidade com essa indiferença? O viver... Não é ele justamente um querer-ser-

*Chegou o asno belo e muito forte. (*N. do T.*)

diferente dessa natureza? Não é o viver um avaliar, um escolher, uma injustiça, uma limitação, um querer-ser-diferente? E, posto que *seu* imperativo "viver conforme a natureza" signifique no fundo "viver conforme a vida", como *não* o pode? Para que tornar um princípio aquilo que vocês são e devem ser? A verdade é bem outra: enquanto encantais o cânone de vossa lei fingindo lê-lo na natureza, querem algo inverso, vocês, atores caprichosos e enganadores de si mesmos! Seu orgulho quer atribuir e incorporar sua moral e ideal à natureza, logo à natureza, exigindo ser a natureza um portal e querendo dar existência a toda a existência apenas em conformidade com a sua própria imagem, como imensa e eterna glorificação e generalização do estoicismo! Com todo o seu amor à verdade, por muito tempo conseguistes, de modo tão persistente e hipnótico, *falsear* a visão da natureza, ou seja, vê-la de maneira estoica, até que não pudessem mais vê-la senão assim. E por fim algum orgulho abissal ainda vos infundiu a esperança de manicômio em que, ao *pretenderem* tiranizar a si mesmos – estoicismo é autotirania –, suponham tiranizar também a natureza. Afinal não é o estoico uma *parte* da natureza? Mas esta é uma velha e eterna história. O que se deu outrora com os estoicos ainda ocorre hoje tão logo uma filosofia comece a acreditar em si mesma. Ela então sempre cria o mundo de acordo com sua visão, pois nada mais pode fazer; a filosofia é esse próprio impulso tirânico, o desejo mental de poder, de "criação do mundo", de *causa prima*.*

10.

O zelo, bem como a sutileza, e eu gostaria até de dizer a astúcia, com os quais hoje toda a Europa palpita ante o problema "do mundo real e do aparente", dão o que pensar e ouvir. E quem diante desses bastidores só escuta um "desejo de verdade" e nada mais certamente não se alegra com seus ouvidos

*Causa primeira. (*N. do E.*)

aguçados. Em casos próprios e raros tal desejo de verdade, resultante de alguma coragem extravagante e aventureira ou de uma ambição metafísica pelo posto perdido, pode ser realmente partícipe, e por fim ele preferirá sempre um punhado de "certeza" a toda uma carroça cheia de belas possibilidades; pode até haver fanáticos puritanos da consciência que prefiram morrer por um nada seguro em vez de por um algo incerto. Porém, isso é niilismo e sinal de desespero de uma alma mortalmente cansada, por mais valentes que tais gestos virtuosos possam parecer. No entanto, entre os pensadores mais vigorosos, vitais e sedentos pela vida a perspectiva parece outra quando, ao tomarem partido *contra* a aparência, pronunciam com orgulho a palavra "perspectiva". E também quando atribuem à credibilidade de sua própria vida valor tão pequeno quanto a credibilidade da aparência que diz: "a Terra permanece calma"; e, por decorrência, aparentemente alegre em abrir mão da sua posse mais garantida (nestes dias, no que as pessoas acreditam mais seguramente do que seus corpos?). Quem sabe se eles no fundo não desejam reconquistar algo antes possuído de modo mais seguro, algo da antiga posse básica da fé de outrora, talvez "a alma imortal", talvez "o velho Deus", enfim, ideias pelas quais consigam viver melhor, isto é, de modo mais vigoroso e alegre do que pelas "ideias modernas"? Nota-se a *desconfiança* contra essas ideias modernas, nota-se a descrença em tudo o que foi construído ontem e hoje; nota-se talvez uma leve mistura de tédio e escárnio que não mais suporta o *bricabraque* de conceitos das mais diversas procedências hoje colocados no mercado pelo chamado positivismo. Um asco ante o gosto mimado pelo bazar colorido e pela roupagem de todos esses filosofastros da realidade que não têm nada de novo ou de autêntico além desse colorido. Parece-me que nisto se deve dar razão a esses antirrealistas céticos e microscopistas do conhecimento de hoje: seu instinto, que os repele da realidade *moderna*, é irrefutável; ademais, seus retrógrados caminhos secretos não nos importam! O essencial neles não é o desejo de "retorno" e sim o de *afastamento*. Um pouco mais de força, impulso, coragem, senso artístico: e eles desejariam ir para *além*, e não para trás!

11.

Parece-me que há agora em toda parte esforços para desviar o olhar da real influência exercida por Kant sobre a filosofia alemã e, sendo claro, sabiamente ignorar o valor que ele atribuía a si mesmo. Kant, antes de tudo e em primeiro lugar, orgulhou-se de sua tabela de categorias. Ele afirmou com essa tabela nas mãos: "Isto é o mais difícil que jamais pôde ser empreendido pela metafísica." Sejamos claros sobre este "pôde ser"! Ele se orgulhava em haver *descoberto* no homem uma nova faculdade, a faculdade dos julgamentos sintéticos *a priori*. Mesmo que então ele mentisse para si mesmo, o rápido desenvolvimento e florescimento da filosofia alemã dependem deste orgulho e desta competitividade de todos os mais jovens em, se possível, descobrirem algo ainda mais digno de, em todo caso, "nova faculdade"! Atentemo-nos, porém, já é tempo. Como julgamentos sintéticos são *possíveis a priori*? Perguntava-se Kant... E o que ele respondeu, afinal? Em virtude de uma faculdade: contudo, não apenas com estas palavras, mas e sim de modo tão laborioso, respeitável e com tamanho dispêndio de senso de profundidade e de florescimento que ocultou a cômica *niaiserie allemande*.* Esse novo dom causou até comoção, e o júbilo subiu às alturas quando Kant descobriu mais um dom moral no homem, pois os alemães de então ainda eram morais e ainda distantes do realismo político. Era a lua de mel da filosofia alemã; todos os jovens teólogos de Tübigen Stift logo iam para o bosque. Todos procuravam pelo "dom".

*Ingenuidade, simploriedade alemã. (*N. do T.*)

E o que eles não encontraram naquela época rica e ainda jovem do espírito alemão, quando nossa literatura romântica, aquela fada maliciosa, fazia ouvir seu sussurro, seu canto, quando ainda não se sabia distinguir o "achar" do "inventar"!* Antes de tudo, um dom para o "extrassensorial". Schelling o batizou de intuição intelectual, foi ao encontro dos anseios dos seus alemães ansiosos por piedade. Não se deve mais de modo algum ser injusto com todo esse movimento arrogante e entusiástico que foi a juventude, por mais temerariamente que ela tenha se disfarçado com conceitos grisalhos e sábios, ao se tomá-la a sério e até se tratá-la com indignação moral; basta, a maturidade chegou, o sonho acabou. Começava um tempo em que coçam a testa. E ainda coçam. Houve um sonho anterior e primeiro, o do velho Kant e seu "dom de um dom" conforme afirmara ou, no mínimo, opinara. Mas... Será isto uma resposta? Uma explicação? Ou, ao contrário, uma mera repetição da pergunta? Como de fato o ópio faz dormir? "Dom de um dom" seria a *virtus dormitiva*,** responderia aquele médico em Molière,

quia est in eo virtus dormitiva,
*cujus est natura sensus assoupire.****

Tais respostas, porém, descambam para a comédia, e é tempo afinal de substituir a pergunta kantiana "como julgamentos sintéticos são possíveis *a priori*?" por uma outra: "Por que a crença em tais julgamentos é *necessária*?" Pois convém se compreender que, para o objetivo da manutenção da essência do nosso tipo, tais julgamentos devem ser *aceitos* como verdadeiros; ainda que naturalmente possam ser juízos falsos!

---

*Nietzsche joga com as semelhanças dessas palavras em alemão: *finder* (achar) e *erfinden* (inventar). (*N. do T.*)

**Poder de adormecimento. (*N. do T.*)

***Por que há nele uma faculdade dormitiva, / cuja natureza é fazer dormir. (*N. do T.*)

Ou, falando mais clara, rude e profundamente: julgamentos sintéticos *a priori* não devem de modo algum "ser possíveis", não temos direito algum sobre eles; na nossa boca eles são julgamentos sonoramente falsos. Por certo apenas a crença na sua verdade é necessária, como uma crença de primeiro plano e aparência inerentes à perspectiva e ótica da vida. E por fim não cabe ainda uma reflexão sobre o imenso efeito que, espero que entendam, "a filosofia alemã" possui na sua prerrogativa às aspas? Não se duvide que em toda a Europa uma certa *virtus dormitiva* foi algo exercido: entre nobres passeadores, entre virtuosos, místicos, artistas, cristãos incompletos e obscurantistas políticos de todas as nações estavam encantados de possuir – graças à filosofia alemã – um contraveneno ante o avassalador sensualismo que, fluindo do século anterior, ainda desembocava neste como, em suma, um "*sensus assoupire*"*...

12.

No que tange ao atomismo materialista, a teoria está entre as coisas mais bem-refutadas; e talvez hoje na Europa ninguém entre os eruditos se mostre tão inculto a ponto de não atribuir a ela uma significação mais séria do que a de mero uso manual ou doméstico (a saber, como uma abreviação do meio de expressão). Isso graças, primeiramente, ao polonês Boscovich que, junto com o polonês Copérnico, foi até agora o maior e mais vitorioso opositor das aparências. Enquanto Copérnico nos persuadiu a crer, contra todos os sentidos, que a Terra *não* se encontra parada, Boscovich, por sua vez, ensinou a esconjurar a crença na última coisa *ainda* "parada", a crença no "palpável", na "matéria", no resto de terra e na partícula chamada átomo. Este seria o maior triunfo sobre os sentidos até hoje alcançado na Terra. Todavia, convém seguir adiante e declarar

*Sentido primeiro. (*N. do T.*)

guerra impiedosa e cortante à "necessidade atomística", a qual ainda segue sempre num perigoso pós-vida em territórios por ninguém imaginados tal como aquela mais célebre "necessidade metafísica". É preciso também pôr fim àquele outro atomismo mais fatal que o cristianismo, melhor e por mais tempo, ensinou: *o atomismo da alma*. Permita-se designar com esse termo aquela crença que aceita a alma como algo inextirpável, eterno, indivisível, como uma mônada, como um *átomo*: convém varrer essa crença da ciência! Falando entre nós, não é de modo algum necessário descartar então a própria "alma" e renunciar a uma das hipóteses mais antigas e honradas: como se costuma observar na inabilidade dos naturalistas, pois mal a tocam perdem "a alma". Todavia, o caminho para novas concepções e refinamentos da hipótese da alma acha-se aberto: e conceitos como "alma mortal" e "alma como pluralidade do sujeito", bem como "alma como construção social dos impulsos e afetos", querem doravante sua cidadania na ciência. Enquanto o *novo* psicólogo prepara um fim para a descrença que até agora vicejou com uma exuberância quase tropical pela representação da alma, certamente ele próprio se lançou dentro de um novo vazio e nova desconfiança; pode ser que os psicólogos mais velhos aí se achem mais confortáveis e alegres. Por fim, todavia, exatamente por isso ele sabe estar condenado à *invenção* e, quem sabe, talvez, à *descoberta*.

13.

Os fisiólogos devem pensar duas vezes ao colocarem o impulso de autopreservação como impulso cardinal de uma criatura orgânica. Algo vivente quer, antes de tudo, *exteriorizar* sua força – a própria vida é desejo de poder – e a autopreservação é apenas uma das *consequências* mais indiretas e frequentes disso. Em suma, aqui, como em toda parte, cautela ante os princípios teológicos *superficiais*! O impulso de autopreservação se enquadra entre eles (que devemos à inconsistência de Espinoza). Assim determina o método, o qual deve ser essencialmente o de economia de princípios.

14.

Talvez agora já comece a amadurecer em cinco ou seis cabeças que também a física é apenas uma interpretação e justificativa de mundo (na nossa opinião, com todo o respeito!) e *não* uma explicação de mundo: todavia, na medida em que ela ainda se baseia na crença nos sentidos, possui maior valor como explicação e, futuramente, deve possuir ainda mais. Ela dispõe de olhos e dedos na abordagem de si mesma; dispõe também tanto da aparência quanto do palpável. Isso exerce encanto, persuasão e *convencimento* sobre uma época com um gosto básico plebeu, pois segue instintivamente o cânone básico de verdade do eterno sensualismo popular. O que está afinal claro ou o que "esclarece"? Somente aquilo que se deixa ver e tocar – é até onde se pode interagir com qualquer problema. De modo inverso, a mágica da mentalidade platônica, a qual era uma mentalidade *nobre*, consistia justamente na *relutância* ante a evidência. E talvez entre homens que gozassem de sentidos mais fortes e exigentes do que os de nossos contemporâneos, que entretanto sabiam encontrar um triunfo mais elevado em permanecer senhores sobre esses sentidos: e isso por meio da pálida, fria e cinza rede de conceitos por eles lançada sobre o colorido turbilhão de sentidos, a plebe dos sentidos, como dizia Platão. Tratava-se de um outro tipo de *prazer* naquela superação e interpretação de mundo pela ótica de Platão, bem diferente daquele a nós oferecido pelos físicos de hoje, assim como pelos darwinistas e antiteólogos dentre os trabalhadores da fisiologia com o seu princípio da "menor força possível" e da maior estupidez possível. "Onde o homem nada mais tem para ver e para compreender, lá ele também nada mais tem a procurar." Por certo este é um imperativo diferente do platônico, todavia poderá ser precisamente o imperativo correto para um gênero bruto e trabalhador de maquinistas e construtores de pontes do futuro.

15.

Para se praticar a fisiologia em boa consciência convém observar que os órgãos sensoriais *não* são fenômenos no sentido da filosofia idealista: como tais, eles não poderiam ser causa alguma! Contudo não funcionaria ao menos o sensualismo como hipótese reguladora, para não dizer como princípio heurístico? Como? Outros não afirmam até que o mundo exterior seria obra dos nossos órgãos? Mas então o nosso corpo seria, como parte desse mundo externo, mera obra dos nossos órgãos! Tal pressuposto me parece uma profunda *reductio ad absurdum*,* posto que o conceito de *causa sui*** é algo profundamente absurdo. Consequentemente, *não* é o mundo exterior obra de nossos órgãos – ?

16.

Sempre existem auto-observadores inofensivos que creem haver "certezas diretas" como, por exemplo, "eu penso" ou, como era a superstição de Schopenhauer, "eu quero": como se aí o reconhecer se revelasse puro e nu como "coisa em si" e não ocorresse uma tapeação por parte do sujeito e tampouco por parte do objeto. Porém repetirei cem vezes que "certeza direta" bem como "conhecimento absoluto" e "coisa em si" encerram nelas uma *contradictio in adjecto****: devemos afinal nos libertar da sedução das palavras! Ainda que o povo acredite que conhecer é conhecer até o fim; o filósofo deve dizer a si mesmo: se decomponho

*Redução ao absurdo. (*N. do T.*)
**Causa de si mesmo. (*N. do T.*)
***Contradição entre partes de um argumento. (*N. do T.*)

o processo expresso na frase "eu penso", recebo uma série de informações atrevidas cuja fundamentação talvez seja difícil ou mesmo impossível para que eu saiba o que é o pensar como, por exemplo, que por *eu* ser pensante deve efetivamente haver um algo que pensa, que o pensar seja uma atividade e efeito por parte de um ser concebido como causa, existindo portanto um "eu" que já determina o que se pode designar por pensar. Pois se eu já não houvesse me decidido sobre isso comigo mesmo, como poderia então avaliar se o que acaba de acontecer não seria talvez um "querer" ou um "sentir"? Basta, esse "eu penso" pressupõe que eu *compare* minha condição momentânea a outras condições conhecidas em mim para, então, determinar o que ela é, pois essa comparação retrospectiva a um "saber" de outra amplitude não demonstra para mim qualquer "certeza" direta. No lugar dessa "certeza direta", na qual o povo gosta de crer em certos casos, o filósofo se vê em contrapartida abarrotado por uma série de perguntas metafísicas, mais precisamente perguntas à consciência pelo intelecto, assim formuladas: "De onde eu formei o conceito de pensamento? Por que acredito em causa e efeito? O que me dá o direito de falar sobre um eu e mesmo sobre um eu como causa e, afinal, ainda sobre um eu como causa de pensamento?" Quem se fia na invocação de uma espécie de conhecimento *intuitivo* para responder prontamente a essa pergunta metafísica formulada por aquele que diz: "eu penso, e sei que ao menos isto é verdadeiro, real e certo" é alguém que, diante de um filósofo, deve hoje se encontrar pronto para um sorriso e dois questionamentos. Talvez o filósofo lhe diga: "Meu caro, é improvável que você não se engane... Mas afinal para que tanta verdade?"

17.

No que tange às superstições dos homens da lógica, não quero me cansar de ressaltar sempre um pequeno e breve fato, de má vontade confessado por tais supersticiosos: um pensamento vem quando "ele" quer e não quando "eu" quero. Assim, trata-se de um *falseamento* dos fatos afirmar ser o sujeito "eu" a condição do predicado "penso". Pensa-se, mas precisamente este "se", justamente esse célebre velho "eu" é, falando suavemente, apenas uma suposição, uma afirmativa e, antes de tudo, de modo algum uma "certeza direta". Enfim, com este "se" já se realizaram coisas demais: este "se" contém em si uma *interpretação* do processo e, todavia, não pertence ao próprio processo. Aqui se conclui conforme o hábito gramático: "Pensar é uma atividade e qualquer atividade é praticada por alguém consequentemente ativo." A atomística antiga, baseada em esquema similar, procurou a "força" atuante até naquela diminuta partícula de matéria onde ela se aloja e então atua exteriormente, o átomo; já as cabeças mais estreitas afinal aprenderam a funcionar sem este "resto de terra", e talvez algum dia ainda se habituem a se passar sem esse pequeno sujeito indefinido (ante o qual evaporou o honrado velho eu).

18.

A refutabilidade de uma teoria não é de modo algum seu encanto menor: é exatamente ela quem atrai as cabeças mais refinadas. Parece que a teoria do "livre-arbítrio" só deve sua continuação ao estímulo proveniente de centenas de contestações: sempre há alguém que se sente forte o bastante para refutá-la.

19.

Os filósofos costumam falar da vontade como se fosse a coisa mais conhecida do mundo; até Schopenhauer dava a entender que apenas a vontade nos era de fato conhecida, absolutamente conhecida, conhecida sem tirar nem pôr. Porém me parece outra vez que, também neste caso, Schopenhauer apenas incorreu num contumaz erro dos filósofos: aceitou e exagerou um *precon-*

ceito popular. O querer me parece antes de tudo algo *complexo*, algo que é uma unidade apenas como palavra, e uma palavra que contém o preconceito popular, o qual se tornou senhor sobre a cautela sempre mínima dos filósofos. Sejamos, portanto, mais cuidadosos, sejamos "antifilosóficos" ao afirmar: em todo o querer existe primeiramente uma multiplicidade de sentimentos: o sentimento do estado *do qual se afasta* aquele do estado *o qual se quer alcançar*, o próprio sentimento desse afastar e alcançar, e então surge ainda um acompanhante: o sentimento de sensação muscular, o qual, mesmo que não ponhamos "braços e pernas" em movimento, começa a representar seu jogo por meio de uma espécie de hábito, tão logo nós "queiramos". Em segundo lugar, tal como o sentir e, na verdade, as muitas formas do sentir são reconhecíveis como ingredientes da vontade, o mesmo se dá também com o pensar: há um pensamento que comanda cada ato da vontade; e não convém crer que se possa separar esses pensamentos do "querer", como se ainda fosse restar a vontade! Em terceiro lugar, a vontade não é apenas uma teia complexa de sentimentos e pensamentos, mas, antes de tudo, um *afeto* e, na verdade, o afeto do comando. Aquilo que é chamado de "livre-arbítrio" é essencialmente o sentimento de superioridade em relação ao que se deve obedecer: "Eu sou livre, 'ele' deve obedecer." Tal consciência permeia toda vontade, e mesmo aquela tensão da atenção, aquele olhar direto, fixado exclusivamente em algo, aquela avaliação incondicional do tipo "agora é preciso isso, e não aquilo", aquela certeza interior que será obedecida, bem como tudo mais, ainda pertencem à condição de quem manda. Uma pessoa *dotada de vontade* dá ordens a um algo em si mesma e este obedece, ou assim ela crê. Note-se porém o mais surpreendente na vontade, nessa coisa tão multifacetada para a qual o povo só dispõe de uma palavra: na medida em que em certos casos obedecemos *e* mandamos ao mesmo tempo, conhecemos então como obedientes os sentimentos do impor, do instar, do resistir e do mover, os quais em geral têm início imediatamente após o ato da vontade; se por outro lado temos o ilusório hábito de nos situar acima dessa dualidade por meio do conceito sintético "eu" ainda assim toda uma corrente de conclusões equivocadas, e consequentemente de avaliações erradas da vontade, permanece presa ao querer e, por decorrência, quem deseja crê de boa-fé que o simples querer *basta* para a ação. Porque na grande maioria dos casos só ocorre o desejo onde há também o efeito da ordem, e portanto obediência, e então ação, deverá ser *esperado*, e assim a aparência se traduzirá em sentimento, como se lá houvesse uma *necessidade de efeito*. Em suma, quem deseja crê, com um suficiente grau de segurança, serem a vontade e a ação uma unidade de alguma maneira, atribuindo ainda o êxito e a realização do querer à própria vontade, e consequentemente desfrutando do aumento naquele sentimento de poder inerente a todo êxito. "Livre-arbítrio"... Estas são as palavras para esse estado prazeroso da pessoa que deseja, que manda, se unificando ao mesmo tempo com o que executa e, com este, se regozija também no triunfo sobre as resistências, contudo dizendo para si ter sido a sua vontade quem verdadeiramente superou as resistências. O querer desfruta portanto dos sentimentos de prazer da ferramenta realizadora e exitosa da "subvontade" ou da subalma – nosso corpo é apenas um edifício de muitas almas – para os seus sentimentos de prazer como mandante. *L'effet c'est moi*:* aqui se busca o que se busca em toda comunidade bem-estruturada e feliz: a identificação da classe regente com os êxitos dessa comunidade. Todo o querer envolve obrigatoriamente comando e obediência sobre o fundamento, como foi dito, de um edifício de muitas "almas"; assim um filósofo deveria se arrogar o direito de conceber o querer em si sob o horizonte da moral. – Da moral concebida como ensino das relações de domínio sob a qual surgiu o fenômeno "vida".

---

*O efeito sou eu. (*N. do T.*)

20.

O fato de cada um dos conceitos filosóficos nada ter de aleatório e de não crescer por si mesmo e, sim, em relação e parentesco com os demais; o fato de pertencerem de modo efetivo a um sistema como todos os membros da fauna de um continente – por mais que aparentemente surjam de modo repentino e voluntário na história do pensamento – acaba por revelar segurança com que os mais diferentes filósofos sempre satisfazem um mesmo esquema básico de filosofias *possíveis*. Sob um encantamento invisível eles sempre correm pela mesma órbita outra vez, e ainda pretendem se sentir tão independentes entre si com suas vontades críticas ou sistemáticas. Algo neles os conduz, algo os impele, um após o outro, em ordem definida... Trata-se precisamente dessa sistemática e desse parentesco inatos dos conceitos. O pensar deles, na realidade, é muito menos uma descoberta do que um reconhecimento, um lembrar de novo, um retorno e regresso ao lar numa longínqua e antiquíssima morada coletiva da alma de onde outrora desabrocharam esses conceitos: nesse sentido, filosofar é uma espécie de atavismo do mais elevado grau. A surpreendente semelhança parental de todo o filosofar indiano, grego e alemão se explica portanto de modo bastante simples. Justamente onde há o parentesco linguístico mostra-se de todo inevitável que, graças à filosofia geral da gramática – eu diria graças ao domínio e liderança inconscientes por meio de funções gramaticais iguais – tudo se acha de antemão preparado para um desenvolvimento e sequência de um mesmo tipo de sistema filosófico: da mesma forma que o caminho fica interditado para certas possibilidades diferentes de interpretação de mundo. Filósofos do âmbito linguístico uralo-altaico (no qual o conceito de sujeito experimentou seu pior desenvolvimento) muito provavelmente "verão o mundo" de outra forma e encontrarão caminhos diferentes daqueles dos indo-germânicos ou muçulmanos: o encantamento de certas funções gramaticais é, em última instância, o encantamento de julgamentos de valor e de condições raciais *fisiológicas*. – Sobram assim elementos para rejeitar a superficialidade de Locke em relação à origem das ideias.

21.

A *causa sui* é a melhor autocontradição já concebida, um tipo de violação e de abominação à lógica, todavia o licencioso orgulho do homem resultou num profundo e terrível enredamento justo neste disparate. A exigência por "livre-arbítrio" nessa superlativa compreensão metafísica, tal como infelizmente ainda vigora nas cabeças dos medianamente instruídos, a própria exigência de se assumir até o fim toda a responsabilidade por suas ações – eximindo Deus, mundo, antepassados, acaso e sociedade – efetivamente nada mais é do que aquela *causa sui*, agora dotada de temeridade maior do que a do barão de Münchhausen ao se puxar pelos cabelos, tentando sair do pântano do nada para chegar à existência. Supondo, portanto, que alguém enxergue por trás da ingenuidade camponesa desse famoso conceito de "livre-arbítrio" e o varra de sua cabeça, então eu ainda lhe peço mais um passo à frente na sua "explicação" para que varra também a inversão desse conceito de "livre-arbítrio" de sua cabeça: refiro-me ao "arbítrio nada livre" decorrente do abuso de causa e efeito. Não convém *coisificar* equivocadamente "causa" e "efeito" como fazem os naturalistas (e quem mais pense como eles) em conformidade com as inabilidades mecanicistas prevalentes, as quais pressionam e acossam a causa até que ela "revele seu efeito"; devemos nos servir da "causa" e do "efeito" apenas como puros *conceitos*, ou seja, como ficções convencionais para a finalidade de designação e compreensão, e *não* explicação. Nesse "em si" nada há de "vínculos causais", de "necessidades", de "cerceamento psicológico", pois, como o "efeito" não sucede a "causa", isso não rege "lei" alguma. Somos somente *nós* que inventamos as causas, a sucessão, a reciprocidade, a relatividade, a coerção, o número, a lei, a liberdade, o motivo e a meta; e, se nós incorporarmos e mesclarmos às coisas esse mundo-símbolo como algo "em si" incorreremos novamente, como sempre se incorreu, numa atitude efetivamente *mitológica*. O "arbítrio nada livre" é mitologia. Na vida real tudo se resume a vontades *fortes* e *fracas*. Trata-se quase sempre de um sintoma quando um pensador já pressente, justo pela falta disso em si, algo de coerção, de necessidade, de precisar seguir, de pressão e cerceamento. Pressentir justo dessa forma é revelador; a pessoa se revela. E, se bem observei, em geral o "arbítrio nada livre" será concebido como problema por dois lados em inteira oposição, porém sempre com base num modo profundamente *pessoal*: um não quer a preço algum abrir mão da sua "responsabilidade", da confiança *em si mesmo*, da prerrogativa pessoal em *seus* méritos (as raças vaidosas aí se situam); o outro, inversamente, por nada quer se responsabilizar, bem como nada dever, e anseia, a partir de um autodesprezo interiorizado, poder *transferir a culpa* de si para outra coisa. E os deste último costumam, quando escrevem livros, aceitar hoje o criminoso; uma espécie de compaixão socialista é seu disfarce favorito. E, de fato, o fatalismo da fraqueza da vontade se embeleza de modo surpreendente quando se sabe introduzi-lo como "*la religion de la souffrance humaine*":* é o *seu* "bom gosto".

22.

Perdoem-me se, como antigo filólogo, não posso me eximir da malícia de desnudar a arte das interpretações ruins, porém essa suposta "legalidade da natureza" mencionada por seus físicos com tanto orgulho – só subsiste graças à interpretação e à má "filologia" –, pois não representa um fato e tampouco um "texto", mas, ao contrário, é apenas um endireitar e uma mudança de sentido ingenuamente humanitários para suficiente convergência

*A religião do sofrimento humano. (*N. do T.*)

com os instintos democráticos da alma moderna! "Igualdade perante a lei em toda parte... Nisso a natureza não pode ser diferente e melhor do que nós" – Aí está um motivo ulterior onde outra vez se encobre a hostilidade plebeia contra todos os privilegiados e senhores de si e da mesma forma um segundo e mais sutil ateísmo. *Ni dieu, ni maître** – assim também querem, e daí "viva a lei natural!" – não é mesmo? Mas, como foi dito, isto é interpretação e não texto. E poderia vir alguém que, com intenção e arte de interpretação opostas, soubesse decifrar na mesma natureza e tendo como referência os mesmos fenômenos, justamente a aplicação tirânica, irrefletida e implacável de pretensões por poder. Sim, um intérprete que lhes pusesse a ausência de exceções e a incondicionalidade em toda "vontade de poder" diante dos olhos de tal maneira que quase qualquer palavra e mesmo a palavra "tirania" parecesse, por fim, inutilizável ou uma metáfora debilitante e suavizante, pois demasiado humana. Não obstante, ele terminaria por afirmar sobre este mundo o mesmo que vocês afirmam, ou seja, que ele possui um curso "necessário" e "previsível", mas *não* porque nele reinem leis e sim porque elas *faltam* em absoluto, e essa potência vai até as últimas consequências a todo momento. Posto que também isto é apenas interpretação – estarão vocês ansiosos o bastante para objetar? – Bem, tanto melhor.

23.

Toda a psicologia permaneceu até agora dependente de preconceitos e receios morais: ela não se arriscou nas profundezas. Conceber a mesma como morfologia e *teoria da evolução da vontade de poder*, tal como faço – isso é algo que ninguém ainda sequer cogitou em pensamentos: na medida em que é permitido reconhecer no que já foi escrito um sintoma daquilo sobre o que

---

*Nem Deus, nem mestre. (*N. do T.*)

até agora se silenciou. A violência dos preconceitos morais mergulhou fundo até no mundo aparentemente mais mental, frio e liberto de pressupostos – e, como bem se pode deduzir – prejudicando, estorvando, cegando e distorcendo. Uma verdadeira fisiopsicologia precisa lutar com resistências inconscientes no coração do pesquisador, ela tem "o coração" contra si: até um ensino sobre a mútua dependência entre os impulsos "bons" e "maus" ainda causa, como imoralidade mais sutil, angústia e aversão em uma consciência valente e vigorosa – E mais ainda um ensino da proveniência de todos os bons impulsos a partir dos maus. Mas suponha que alguém tome de fato sentimentos como ódio, inveja, cobiça e prepotência como inerentes à vida, como algo que deve existir básica e essencialmente em todos os âmbitos da vida e, por decorrência, deve ser elevado caso a própria vida seja elevada, esta pessoa sofrerá enjoos pelas oscilações de seu julgamento. E contudo também esta hipótese não é, em sentido mais amplo, a mais estranha e penosa neste imenso e ainda quase novo reino dos conhecimentos perigosos: e de fato existem centenas de bons motivos para o afastamento definitivo daquele que – *puder* acessá-lo! Por outro lado: caso se derive com seu navio para essas águas, atenção! Vamos! É hora de trincar bem os dentes! De abrir os olhos! De manter a mão firme no leme! Navegamos diretamente sobre e para além da moral. Somos então oprimidos, esmagados talvez, no nosso próprio resto de moralidade ao empreender e ousar nosso trajeto – Mas o que *podemos* fazer?! Nunca um mundo *tão profundo* do autoconhecimento se abriu aos viajantes ousados e aos aventureiros: e o psicólogo que "oferta tal sacrifício" – e *não* se trata do *sacrifizio dell'intelletto** – deverá no mínimo exigir que a psicologia seja novamente reconhecida como senhora das ciência para cujo serviço e preparação as demais ciências lá estão. Pois a psicologia agora é novamente o caminho para os problemas fundamentais.

*Sacrifício do intelecto. (*N. do T.*)

2
O espírito livre

24.

O *sancta simplicitas!** Em que estranha simplificação e falsificação vive o homem! No fim não deixara de se admirar aquele que só tenha olhos para essa maravilha! Como tornamos tudo à nossa volta claro, livre e fácil! Como soubemos dar passe livre aos nossos sentidos para toda superficialidade e ao nosso pensar, uma cobiça divina por saltos arbitrários e falácias! – Como desde o princípio compreendemos como nos manter na nossa ignorância para assim desfrutar de liberdade, inocuidade, descuido, cordialidade e alegria de viver pouco discerníveis! E até agora a ciência só pôde se erguer sobre essa base de ignorância então firme e granítica, bem como a vontade de saber sobre a base de uma vontade muito mais poderosa: a vontade de não saber, a vontade pelo incerto e pelo falso! Não como seu oposto e sim – como seu refinamento! Ainda que aqui, como em outros âmbitos, a linguagem não possa ir além de sua rudeza e assim continue a falar de antagonismos em que existem apenas graus e variada sutileza de níveis; ainda que da mesma forma a tartufice consolidada da moral, agora inerente à nossa insuperável "carne e sangue", distorça a palavra até na nossa boca de sabedores: tanto aqui quanto lá entendemos e rimos ao ver como justo a melhor ciência ainda quer nos manter também da melhor forma neste mundo *simplificado* e de todo artificial bem como estreitado e falsificado para sua conveniência, como ela ama o erro de modo involutariamente voluntário por amar os vivos e a vida!

*Ó santa simplicidade! (*N. do T.*)

25.

Após tão alegre introdução, uma palavra séria não poderia ser ignorada: e se trata da mais séria de todas. Acautelem-se, filósofos e amigos do conhecimento, e se protejam do martírio! E também do sofrimento "pelo amor à verdade"! Defendam-se até da própria defesa! Toda inocência e neutralidade sutil lhes corrompem a consciência, tornam vocês teimosos ante objeções e advertências; estupidificam, animalizam e atrapalham quando por fim vocês precisam atuar como verdadeiros defensores da verdade na Terra na luta contra o perigo, a calúnia, a suspeita, a rejeição e contra consequências mais rudes da hostilidade... Como se "a verdade" fosse tão inofensiva e desajeitada a ponto de precisar de defensores! E justo vocês, Cavaleiros da Mais Triste Figura, meus senhores ociosos e urdidores de teias do espírito! Enfim, *vocês* sabem muito bem que, neste plano, nada lhes garante que estão certos, da mesma forma que até agora filósofo algum teve garantias de que estava correto. No lugar de todos os gestos solenes e trunfos ante promotores e tribunais, uma veracidade mais digna de prêmio deveria embasar qualquer pequeno ponto de interrogação colocado por vocês em suas fórmulas e lições favoritas (e eventualmente em vocês mesmos)! É melhor sair pela tangente! Fujam para longe! E mantenham suas máscaras e ardileza de modo que não lhes decifrem! Ou tenham um pouco de medo! E não esqueçam o jardim, com suas treliças douradas! E tenham pessoas em torno que sejam como um jardim... ou como música sobre as águas, para a hora da tarde, em que o dia já se torna recordação: escolham a *boa* solidão – livre, lúdica e leve – que lhes conceda também um direito de ainda ficar bem, mesmo num sentido qualquer! Quão venenosa e ardil, quão má se torna qualquer guerra longa que não se deixar desencadear com violência aberta! Quão *pessoal* se torna um longo temor, uma longa atenção ante inimigos, ante possíveis inimigos! Esses excluídos sociais, esses perseguidos por muito tempo, esses malcassados - e também os eremitas forçados, os Espinozas ou Giordanos Brunos - sempre se tornam por fim refinados vingativos e envenenadores, mesmo entre os mascarados mais intelectuais e talvez sem que eles próprios o percebam (tente desenterrar o fundamento da ética e da teologia de Espinoza!). Para não falar da inabilidade da indignação moral que, num filósofo, constitui indício inequívoco de sua perda de humor filosófico. O martírio do filósofo, seu "sacrifício pela verdade" força a revelação sobre o quanto de agitador e de ator se oculta nele; e, supondo que até agora se tenha olhado para ele apenas com curiosidade artística, então, com relação a alguns filósofos, parece bem compreensível o perigoso desejo de vê-los também uma vez na sua degeneração (degenerado em "mártir", em gritador de palco e tribuna). Ressalte-se somente que, ante tal desejo, convém que se perceba *o que* em todo caso se pode ver: - apenas uma representação satírica, apenas uma farsa de epílogo, apenas a prova contínua de que a longa tragédia verdadeira *está no fim*: supondo que toda filosofia foi uma longa tragédia na sua formação. -

26.

Toda pessoa singular procura de modo instintivo por seu castelo e privacidade lá - onde ela se ache *livre* da multidão, dos numerosos, da maioria - lá, onde, como exceção, deve se esquecer da regra "gente": excluindo-se o caso em que, como conhecedora em sentido amplo e excepcional, ela será impelida por um instinto ainda mais forte para essa regra. E quem na relação com pessoas eventualmente não se sentiu, em todos os matizes da angústia, tomado pelo asco, tédio, compaixão, melancolia e isolamento por certo não é alguém de gosto superior; supondo porém que não ponha voluntariamente toda essa carga e desprazer sobre si, evitando-a sempre e permanecendo, como foi dito, oculto, calmo e orgulhoso no seu castelo, então uma coisa é certa: ele não foi feito nem predestinado para o conhecimento. Pois como tal um dia ele deveria dizer para si: "ao diabo com o bom gosto! A regra é mesmo mais interessante do que a exceção – do que eu, a exceção!" – E buscaria *descer*, mas, antes de tudo, aprofundar. O estudo do homem *médio* como propósito longo, sério, exigindo para este objetivo muito despojamento, autossuperação, confidencialidade, má companhia – qualquer companhia é má senão com seus iguais – constitui parte necessária da história de vida de qualquer filósofo, talvez a parte mais desagradável, malcheirosa e cheia de decepções. Mas caso ele tenha a felicidade, como é próprio de um venturoso filho do conhecimento, encontrará então verdadeiros abreviadores e facilitadores da sua missão – refiro-me aos chamados cínicos, portanto, àqueles que simplesmente reconhecem em si o animal, o ordinário e a "regra" e, ainda assim, possuem aquele grau de intelectualidade e emoção para poder falar sobre si e seus iguais *diante de testemunhas*: às vezes até rolam sobre livros como se fosse sobre o próprio esterco. O cinismo é a única forma pela qual as almas comuns tocam naquilo que é a honestidade; e o homem superior deve abrir os ouvidos diante de qualquer cinismo rude e sutil, desejando a si mesmo sorte a cada vez que presenciar o escarcéu do bufão desavergonhado ou do sátiro científico. Há casos em que a repulsa se mistura à fascinação: a saber lá, onde, por um capricho da natureza, o gênio se acha ligado a um bode ou macaco indiscreto como o Abbé Galiani, o mais profundo, perspicaz e talvez também o mais sujo dos homens de seu século – ele foi muito mais profundo do que Voltaire e, consequentemente, muito menos loquaz. Com maior frequência já ocorre que, conforme mencionado, a cabeça científica se ache colocada num corpo de macaco, e uma compreensão excepcional numa alma comum. Entre médicos e fisiologistas da moral este não é um incidente raro. E onde apenas um deles – sem amargura, mas, ao contrário, de modo brando fala do homem como de um ventre com duas necessidades, e uma cabeça com apenas uma necessidade; em toda parte onde alguém só vê procura e *quer* ver fome, impulso sexual e vaidade como se estas fossem as autênticas e únicas forças motrizes das ações humanas; em suma, onde se fala "mal" do ser humano – e nada menos do que isto – lá o amante do conhecimento deve aguçar os ouvidos sutil e esforçadamente, e de modo absoluto deve manter seus ouvidos lá, onde se fala sem indignação. Pois a pessoa indignada – tal como quem sempre se morde e dilacera com os próprios dentes (ou, como substituição, morde o mundo, ou Deus, ou a sociedade) – é alguém que, no plano da moral, pretende permanecer mais elevado do que o sátiro risonho e complacente. Contudo, em todos os outros sentidos, representa o caso mais comum, mais indiferente e mais iletrado. Ademais, ninguém mente *tanto* quanto o indignado.

27.

É difícil ser compreendido: de modo especial quando se pensa e vive *gangasrotogati** entre tantas pessoas que pensam e vivem de outra forma, ou seja, à la *kurmagati*** ou, no melhor dos casos, à la *mandeikagati**** – Faço mesmo tudo para dificultar a compreensão? – E, de coração, convém por boa vontade ante alguma sutileza da interpretação ser compreensível. Contudo no que tange aos "bons amigos", os quais sempre se mostram à vontade demais e, por sua condição de amigos, julgam usufruir de um direito à licenciosidade, a estes é bom conceder de antemão um espaço para equívocos: – e ainda se pode rir; – ou ainda descartar por completo esses bons amigos – e também então rir!

*No ritmo do rio Ganges ou, figuradamente, pela força incontrolável. *(N. do T.)*

**Conforme o andar das rãs. (*N. do T.*)

***Conforme o andar dos sapos. (*N. do T.*)

28.

O pior para se traduzir de uma língua a outras é o *tempo** do seu estilo: nela o caráter da raça possui sua base, fisiologicamente falando, para o tempo médio do seu "metabolismo". Existem traduções consideradas honestas que são quase falsificações já que são generalizações involuntárias do original simplesmente porque seu tempo valente e alegre não pode também ser traduzido, que pula por cima e deixa para trás todo o perigo existente nas coisas e nas palavras. O alemão é quase incapaz do *presto*** em sua língua: portanto, como bem se deve deduzir, também de muitas das nuances mais agradáveis e ousadas do pensamento livre, livre para pensar. Assim como o bufão e o sátiro lhe causam estranheza em corpo e consciência, também Aristófanes e Petrônio lhe são intraduzíveis. Toda a solenidade, fluência difícil, grosseria festiva; todos os gêneros de estilos tediosos e enfadonhos desenvolveram-se em riquíssima abundância entre os alemães – perdoem-me a constatação de que até a prosa de Goethe, na sua mistura de rigidez e delicadeza, não constitui exceção, pois reflete os "velhos bons tempos" aos quais pertence como expressão do gosto alemão numa época em que ainda havia um "gosto alemão": era rebuscado *in moribus et artibus*.*** Lessing representa uma exceção graças à sua natureza de ator, a qual muito compreendia e sobre muito se fazia compreender: ele que não fora debalde o tradutor de Bayle e preferia fugir para a proximidade de Diderot e Voltaire e, mais ainda, para a dos dramaturgos romanos: – Lessing também amou o livre-pensamento no *tempo*, daí a fuga da Alemanha. Mas como conseguiria a língua alemã, mesmo na prosa de um Lessing, se ajustar ao tempo de Maquiavel que, no seu *O príncipe*, deixa que se respire

---

*Em italiano no original. Possui o mesmo significado em português. *(N. do T.)*

**Cadência rápida. (*N. do T.*)

***Em costume e prática, respectivamente. (*N. do T.*)

o ar seco e leve de Florença e aproveita o assunto mais sério na apresentação de um irreprimível *allegrissimo**? – talvez não sem um malicioso sentimento de artista diante do qual ousaria em sentido contrário: associar pensamentos longos, graves e perigosos a um tempo de galope e à melhor e mais desenfreada das disposições. Quem afinal deveria mesmo ousar uma tradução alemã de Petrônio que, mais do que qualquer grande músico até agora, foi o mestre do *presto* em criatividade, ideias e palavras? O que permanece afinal em todos os pântanos do mundo doente e mau e também no "mundo antigo" caso se possua, como ele, os pés de um vento; a respiração e alento, o escárnio libertário de um vento que tudo torna sadio enquanto tudo faz *correr*! E quanto a Aristófanes, aquele espírito esclarecedor e complementar por cuja presença se *perdoa* toda a Grécia, supondo que se tenha percebido em toda a profundidade *o que* lá necessitava de perdão e esclarecimento: sem ele, excetuando aquele *petit fait*** venturosamente preservado, eu nada saberia sobre o que me permiti sonhar acerca da impenetrabilidade e natureza de esfinge de Platão: sob o travesseiro do seu leito de morte não se encontrava "Bíblia" alguma nem algum texto egípcio, pitagórico ou platônico, – mas sim escritos aristofânicos. Mas como teria um Platão suportado a vida – uma vida grega a qual ele negou – sem um Aristófanes?

29.

Ser independente é para poucos: – é prerrogativa dos fortes. E quem tenta sê-lo, ainda que com as melhores razões, mas sem ter *obrigação* de agir assim, prova então não ser apenas forte, mas também temerário além de qualquer medida. Ele

---

*Composição ou fragmento musical que dever ser tocado de maneira rápida e animada. (*N. do T.*)

**Fato irrelevante. (*N. do E.*)

se enreda num labirinto, multiplica por mil os perigos que a vida traz consigo; dentre os quais não é o menor dos perigos o fato de que ninguém com olhos veja como e onde ele se perde, se isola e é lentamente dilacerado por algum minotauro selvagem da consciência. Supondo que ele sucumba, o que acontece está tão longe da compreensão das pessoas que elas não terão sentimentos e compaixão: – e ele não pode voltar mais! Não pode voltar sequer para a compaixão das pessoas!

30.

Nossas percepções mais elevadas precisam – e devem! – soar como loucuras e, em determinadas circunstâncias, como crimes caso cheguem de modo proibido aos ouvidos daqueles que não se acham prontos e predestinados a elas. O exotérico e o esotérico, como se diferenciava outrora entre filósofos, fosse entre indianos ou entre gregos, persas ou muçulmanos, em suma, em toda parte se acreditou numa hierarquia e *não* em igualdade e em direitos iguais – são conceitos que se salientam nem tanto assim pelo fato de que o exotérico se situa exteriormente e age de fora para dentro. Em contrapartida, não vê, avalia, mede e julga de dentro para fora: o mais essencial é que ele encara as coisas de baixo para cima enquanto o esotérico as vê de *cima para baixo*! Existem alturas da alma a partir de onde se vê que mesmo a tragédia deixa de atuar de modo trágico; e, considerando-se as dores do mundo como um todo, quem se atreveria a decidir se a visão coletiva de tais desgraçados *necessariamente* nos obrigaria e seduziria a um sentimento de piedade, que só serviria para duplicar estes males?... O que o gênero de homem mais elevado usa como alimento ou refresco deve ser algo de um tipo muito diferente e baixo, quase um veneno para um tipo mais baixo. As virtudes do homem comum pareceriam talvez vício e fraquezas para um filósofo; se um tipo elevado de homem pudesse degenerar e sucumbir, só assim adquiriria atributos pelos quais seriam necessários para honrá-lo como a um santo nesse mundo inferior para onde ele caíra. Existem livros que possuem valor inverso para a alma e para a saúde, dependendo de quem se sirva deles: as almas mais baixas, a força vital mais reduzida, ou suas contrapartidas mais elevadas e poderosas: no primeiro caso tratam-se de livros perigosos, destruidores e desagregadores, no segundo caso de gritos de arauto desafiando os mais valentes a demonstrar sua valentia. Livros para o público geral são sempre malcheirosos: o fedor de gente miúda se cola neles. Costuma feder onde o povo come e bebe, e mesmo onde venera. Não convém ir à igreja caso se queira respirar ar *puro*.

31.

Quando jovens, as pessoas honram e desprezam sem aquela arte da nuance que constitui o melhor proveito da vida, e deverão expiar de modo bastante duro por sobrecarregar de tal maneira as pessoas e coisas com Sins e Nãos. Tudo é articulado de modo que o pior de todos os gostos, o gosto pelo incondicional, seja praticado de maneira equivocada e abusiva, até que o ser humano aprenda a colocar alguma arte nos seus sentimentos e, melhor ainda, ousar a primeira tentativa com o artístico: como fazem os autênticos artistas da vida. A cólera e o zelo próprios dos jovens parecem não sossegar até falsificar tão bem pessoas e coisas que possam se manifestar nelas: – a juventude é em si falsa e enganadora. E, mais tarde, a jovem alma, depauperada por decepções, se volta afinal em suspeita contra si, ainda sempre ardente e selvagem, e também na sua suspeita e remorso: como ela se encolerizará então, como ela se dilacerará impacientemente, como tentará vingar-se por sua longa autoilusão, como se esta fosse cegueira voluntária! Nessa fase de transição, pune-se a si mesmo por meio da desconfiança ante seu sentimento; tortura-se seu entusiasmo por meio da dúvida, chegando a se considerar a boa consciência como um perigo, como se esta fosse uma autodissimulação e fadiga da honestidade mais sutil; e, antes de tudo, se toma fundamentalmente partido *contra* "a juventude". – Passada uma década compreende-se que isto tudo também – ainda era juventude!

32.

No curso da era mais longa da história humana – conhecida como era pré-histórica – o mérito ou demérito de uma ação era resultante de suas consequências: a ação em si vinha tão pouco ao caso quanto a sua origem, porém, mais ou menos assim como ainda hoje na China, uma distinção ou uma vergonha dos filhos se estende aos pais, assim era a força retroativa do êxito ou do fracasso que levava as pessoas a pensar bem ou mal de uma ação. Chamemos esse período da humanidade de *pré-moral*: o imperativo "conhece a ti mesmo!" ainda era desconhecido. Por outro lado, nos últimos dez milênios e em algumas grandes regiões da Terra, passo a passo se chegou ao ponto em que o valor da ação era medido não por suas consequências, mas sim por sua origem: um grande acontecimento como um todo, um considerável refinamento do olhar e do critério, a atuação inconsciente do domínio dos valores aristocráticos e da crença na "origem", a marca de um período que se deve assinalar em sentido mais restrito como *moral*: com isso é realizada a primeira tentativa de autoconhecimento. A origem no lugar das consequências: que inversão da perspectiva! E certamente uma inversão alcançada somente após longas lutas e oscilações! E sem dúvida precisamente assim uma nova superstição mais fatal, uma estreiteza singular da interpretação ganhou o domínio. Interpretava-se a origem de uma ação, no mais definido de todos os sentidos, como origem de uma *intenção*. Surgiria então o consenso na crença de que o valor de uma ação dependia de sua intenção.

A intenção como origem plena e pré-histórica de uma ação: sob esses preconceitos se louvou, culpou e julgou no plano moral, e também se filosofou, quase até os dias de hoje. – Mas não teríamos alcançado a necessidade de inverter os valores graças a uma constante autorreflexão e aprofundamento do ser humano? – Não deveríamos estar no limiar de um período que fosse assinalável como negativo antes de ser considerado *além da moral*? Não corre entre nós, ao menos entre nós, imoralistas, a desconfiança de que justo o componente *não intencional* numa ação representa seu valor decisivo e, portanto, toda a sua intencionalidade, tudo o que pode ser visto, sabido e "conscientizado" dela ainda se situa na sua superfície que, como pele, revela algo, mas *esconde* ainda mais? Resumindo, cremos ser a intenção apenas indício e sintoma, que necessita primeiro de interpretação, ademais um indicativo que significa coisas demais e consequentemente quase nada por si apenas. – A moral, no sentido até agora vigente, foi uma moral-intenção e um preconceito, uma precipitação, talvez uma provisoriedade, uma coisa quiçá na categoria da astrologia e alquimia, mas com certeza algo que deve ser superado. A superação da moral, em certo sentido até a autossuperação da moral, inclusive: esse poderia ser o lema para aquele longo e secreto trabalho reservado às consciências mais sutis e eloquentes de hoje, e também às mais maliciosas, como princípios vivos da alma. –

33.

De nada adianta fugir dos fatos. Convém trazer impiedosamente à baila e levar a julgamento os sentimentos de devoção, de sacrifício pelo próximo, bem como toda a moral da autoalienação: o mesmo se aplica à estética da "contemplação desinteressada", sob a qual hoje a castração da arte procura criar uma boa consciência de modo bastante sedutor. Há muito, muitíssimo encanto e açúcar naqueles sentimentos do "para o outro", do "*não* é para mim" como se não houvesse necessidade de se tornar aqui duplamente desconfiado e perguntar: "não serão talvez – *tentações?*" – O fato de *agradarem* – quem os sente e a quem saboreia dos seus frutos, e até o mero espectador, não constitui ainda argumento algum *a favor* deles, ao contrário, exige cautela. Portanto sejamos cautelosos!

34.

Independentemente do ponto de vista da filosofia onde hoje se possa situar: olhando-se a partir de qualquer panorama, o *falseamento* do mundo em que cremos viver é a coisa mais certa e segura ainda apreensível a nossos olhos. Encontramos motivos de sobra a nos seduzir para conjecturas sobre um princípio enganador na "coisa em si". Contudo quem torna o nosso próprio pensar, ou "o espírito", responsável pela falsidade do mundo – uma saída honrosa para todo *advocatus dei** consciente ou inconsciente –, quem encara este mundo como *falso* juntamente com o espaço, tempo, forma e movimento... Este é alguém que, no mínimo, teria boas razões para afinal aprender a desconfiar até de todo o pensamento: não teria ele até agora nos representado a maior de todas as farsas? E que garantias haveria de que não continue a fazer o que sempre fez? Com toda a seriedade: a inocência dos pensadores possui algo que comove e infunde respeito, algo que ainda hoje lhes permite se defrontar a consciência com a solicitação de que lhes dê respostas *honestas* como, por exemplo, se ela é "real" e por que mantém o mundo externo tão decididamente afastado, para não falar de outras perguntas do tipo. A crença nas "certezas diretas" é uma ingenuidade *moral* que honra a nós, filósofos; porém – agora não devemos mais ser pessoas "apenas morais"! Moral à parte, essa crença representa uma estupidez

*Advogado de Deus. (*N. do T.*)

que desabona nossa honra! Contudo, ainda que na vida cotidiana a desconfiança sempre alerta possa parecer indício de "mau caráter" e assim seja situada entre as imprudências, aqui entre nós, além do mundo cotidiano e seus Sins e Nãos – o que nos impediria a imprudência de dizer: o filósofo possui quase um *direito* ao "mau caráter" – na sua condição de criatura que até agora melhor se tapeou sobre a Terra. Ele tem hoje o *dever* da desconfiança para a mais maliciosa esguelha a partir de todos os abismos da desconfiança. – Perdão pelo gracejo com essa figura e expressão mais sombria. No que tange a mentiras e a ser enganado por muito tempo, eu mesmo pensei e aprendi a avaliar de modo diferente e preparei ao menos alguns chutes nas costelas para a ira cega ante a qual os filósofos se irritam ao serem enganados. Por que *não*? Não passa de mero preconceito moral supor que verdade possua valor superior ao da aparência; trata-se até mesmo da suposição mais mal-embasada existente no mundo. Todavia convém admitir: não existiria vida alguma senão sobre a base de avaliações e aparências externas. E caso se quisesse – com todo o virtuoso entusiasmo e inabilidade de alguns filósofos – abolir por completo o "mundo ilusório" (supondo que *eles* o pudessem), então ao menos nada mais restaria também da sua "verdade"! Sim, quem nos força afinal à suposição de que haja um contraste de essência entre "verdadeiro" e "falso"? Não bastaria, para falar na língua dos pintores, aceitar diferentes níveis da verdade aparente e, do mesmo modo, diferenciar a tonalidade das sombras bem como a totalidade de tons da aparência de diferentes *valeurs**? Por que não deveria ser o mundo *que nos é relevante* uma ficção? E caso alguém pergunte: "Mas uma ficção não pertence a um autor?" Não conviria responder-lhe prontamente: "Por quê? Esse 'pertence' não pertence talvez à ficção também? Acaso não é honestamente permitido ser um pouco irônico tanto

*Valores. (*N. do T.*)

com o sujeito quanto com o predicado e o objeto? Não deveria o filósofo se alçar acima da credibilidade na gramática? Com todo o respeito pelas governantas: mas não estaria na hora de a filosofia abolir a fé das governantas?" –

35.

Ó Voltaire! Ó humanismo! Ó absurdo! Como a "verdade", como a *procura* pela verdade se mostra onerosa; e quando o ser humano ainda a pratica de modo demasiado humano – "*il ne cherche le vrai que pour faire le bien*"* –, aposto que nada encontrará!

36.

Supondo que nada mais de real houvesse além do nosso mundo de cobiças e paixões e que não pudéssemos alcançar qualquer outra "realidade" abaixo ou acima da pura realidade dos nossos impulsos – pois o pensar é apenas a relação desses impulsos entre si – não seria portanto lícito tentar tal existência e formular a pergunta se ela não *bastaria* para, a partir de seus iguais, se compreender também o chamado mundo mecanicista (ou "material")? Não digo como uma ilusão, "aparência" ou "representação" (no sentido de Berkeley e de Schopenhauer) e sim como algo com o mesmo nível de realidade, catalisando até nossas paixões, como forma primitiva do mundo dessas paixões onde tudo ainda é decidido em uma unidade poderosa numa dinâmica que então se ramifica e se organiza em um processo orgânico (também, como habitual, mimado e enfraquecido)? Algo como um tipo de impulso vital onde todas as funções orgânicas ainda se achem sinteticamente interligadas, com autorregulação, assimilação, nutrição, excreção e metabolismo – numa *forma prévia* da vida? – Por fim, não somente será permitido

---

*Ele procura a verdade apenas para fazer o bem. (*N. do T.*)

fazer essa tentativa, pois, independentemente da consciência dos *métodos*, ela será obrigatória. Trata-se de não aceitar vários tipos de causalidade enquanto não se fizer a tentativa com uma única fronteira suficiente levada a seu extremo (até o absurdo, se é permitido dizê-lo): aí está uma moral dos métodos ante a qual não convém se eximir hoje; ela avança "a partir de suas definições" como diria um matemático. Enfim, a pergunta é se reconhecemos a vontade como algo de fato *atuante*, se acreditamos na causalidade da vontade: caso o façamos – e no fundo a crença nisso é exatamente a nossa crença na própria causalidade –, *devemos* então tentar considerar hipoteticamente a causalidade da vontade como a única. Naturalmente "vontade" só pode atuar sobre "vontade" – e não sobre "matéria" (não sobre "nervos", por exemplo) –, enfim, deve-se ousar a hipótese se, em toda parte onde "efeitos" foram reconhecidos, a vontade atua sobre a vontade – E todo o acontecimento mecânico, desde que nele uma força se torne ativa, é também uma força da vontade, um efeito da vontade. Posto finalmente que se lograsse declarar toda a nossa vida instintiva como configuração e ramificação de uma forma fundamental da vontade – nomeadamente a da pertinência da vontade de poder; por que se pudesse remontar todas as funções orgânicas a essa vontade de poder e que nele se encontrasse também a solução do problema da concepção e da nutrição – e isso representa de fato um problema –, nesse caso se arrogaria o direito em se situar de modo claro *toda* força atuante como: *vontade de poder*. O mundo visto por dentro, o mundo definido e classificado de modo lógico em seu "caráter inteligível" – Seria precisamente "vontade de poder" e nada mais. –

37.

"Como? Isto não significaria, popularmente falando: Deus é refutado, mas o diabo não?" Pelo contrário! Pelo contrário, meus amigos! E para o diabo também com quem lhes obriga a falar como o povo! –

38.

Isto que por fim aconteceu, nas luzes de tempos recentes, com a Revolução Francesa, aquela farsa medonha e superficial (se avaliada de perto), os espectadores nobres e entusiasmados de toda a Europa interpretaram, a distância, suas próprias indignações e entusiasmos, por tanto tempo e tão apaixonadamente, *até que o texto desapareceu sob a interpretação*: assim uma posteridade nobre poderia entender mal todo o passado e talvez só assim tornar suportável a sua visão. – Ou quem sabe isto já não tenha acontecido? Não seremos nós mesmos – Essa "posteridade nobre"? E justo agora, na medida em que o compreendemos – isso também já não passou?

39.

Ninguém considerará tão facilmente um ensinamento como verdadeiro só porque o torna feliz ou virtuoso: talvez excluídos os adoráveis "idealistas" que se entusiasmam pelo bom, pelo verdadeiro e pelo belo e assim deixam nadar aleatoriamente em sua lagoa todos os tipos coloridos, desajeitados e alegres de desiderato. Felicidade e virtude não representam argumentos. Contudo, gostamos de esquecer, e também gostam os espíritos prudentes, que o tornar infeliz e o tornar mau tampouco constituem contra-argumentos. Algo pode ser verdade, ainda que prejudicial e perigoso no mais elevado grau. Algo que pertenceria à condição básica da existência, que poderia destruir alguém pelo simples fato de compreendê-lo, de maneira que seja possível medir a força de um espírito justo pela quantidade de "verdade" que suporta ou, falando mais claramente, até que ponto seja *preciso* diluir, ocultar, adoçar, entediar e falsear a verdade. Porém, não resta qualquer dúvida que, para a descoberta de certas *partes* da verdade, os maus e os infelizes são mais favorecidos e possuem maior probabilidade de êxito; para não falar dos maus que são felizes – uma espécie sobre a qual os moralistas silenciam. Talvez dureza e astúcia propiciem condições favoráveis para a formação dos espíritos fortes e independentes e dos filósofos, mais do que aquela benignidade condescendente, terna e suave do relevar com que se avalia um erudito, e se avalia bem. Supondo, como se antevê, que não se reduza a uma só coisa o conceito "filósofo" e o filósofo que escreve livros – ou que coloca *sua* filosofia em livros! – Stendhal, o último representante da imagem do filósofo livre-pensador, que não quero deixar de salientar ante o gosto alemão: – pois ele vai *contra* o gosto alemão. "*Pour être bon philosophe*", afirma esse último grande psicólogo, "*il faut être sec, clair, sans illusion. Un banquier, qui a fait fortune, a une partie du caractère requis pour faire des découvertes en philosophie, c'est-à-dire pour voir clair dans ce qui est.*"*

40.

Tudo o que é profundo ama a máscara; as coisas mais profundas chegam a odiar imagem e parábola. Não deveria o *contrário* ser o disfarce correto para a vergonha de um deus? Uma pergunta pertinente: surpreenderia se algum místico já houvesse ousado secretamente tais coisas? Existem processos tão sutis que melhor parece ocultá-los por meio de uma grosseria, tornando-os assim imperceptíveis; existem ações do amor e de uma extravagante generosidade após as quais é mais aconselhável pegar um bastão e surrar as testemunhas: com isso se turva sua memória. Alguns logram turvar e maltratar a própria memória para conseguir a vingança ao menos sobre essa cúmplice – a vergonha é inventiva. Não é das piores coisas que nos envergonhamos: não existe apenas malícia por trás de uma máscara – existe muita

*Para ser um bom filósofo, é preciso ser seco, claro, sem ilusão. Um banqueiro, que fez fortuna, possui uma parte do caráter necessária para fazer descobertas na filosofia, ou seja, para ver com clareza o que realmente é. (*N. do T.*)

bondade no ardil. Eu conceberia que o dono de algo precioso e frágil, para protegê-lo, rolaria pela vida, bruto e redondo como um velho e bem-pregado barril verde de vinho: a sutileza da sua vergonha assim o quer. Destino e decisões delicadas surgem nos caminhos de uma pessoa imersa na vergonha, caminhos esses encontrados por poucos e cuja existência deve ser escondida dos amigos mais próximos e dignos de confiança: seu perigo existencial oculta-se dos olhos deles bem como sua confiança existencial reconquistada. Um tal introvertido – que, por instinto, precisa transformar a eloquência em silêncio e mistério, e se mostra incansável em se evadir da comunicação – *deseja* e providencia que uma máscara dele caminhe em seu lugar, no coração e na cabeça de seus amigos; e mesmo supondo que ele não a deseje mais, um dia seus olhos se abrirão para o fato de que no entanto sua máscara persiste – e de que é melhor assim. Todo espírito profundo precisa de uma máscara: mais ainda, para todo espírito profundo uma máscara cresce de modo constante graças à interpretação continuamente falsa, ou seja, *superficial* de cada palavra, de cada passo, de cada posicionamento existencial exteriorizados. –

41.

É preciso provar a si mesmo que é destinado à independência e ao comando; e isto no tempo certo. Não se deve desviar dos testes ainda que sejam talvez o mais perigoso dos jogos que se pode jogar, que devem ser apresentáveis somente por nós mesmos e nenhum outro juiz. Não depender de pessoa alguma, mesmo da mais querida – toda pessoa é uma prisão, e um ângulo apenas. Não se prender a uma pátria: ainda que a mais sôfrega e necessitada – é menos difícil desapegar o coração de uma pátria vitoriosa. Não se prender a compaixão: mesmo que por pessoas superiores, nas raras vezes em que o acaso nos deixa vislumbrar seu martírio e desamparo. Não se prender a uma ciência, ainda que possa nos seduzir com a mais preciosa descoberta aparentemente reservada somente a nós. Não se prender a própria emancipação, naquele voluptuoso distanciamento e alheamento da ave a voar sempre mais alto para avistar sempre mais o que está abaixo de si: – o perigo daqueles que voam. Não nos prendermos a nossas próprias virtudes nem nos tornarmos totalmente vítimas de alguma qualidade em nós como, por exemplo, nossa "hospitalidade", que representa o perigo dos perigos para as almas elevadas e ricas que se esbanjam e quase indiferentemente e levam a virtude da liberalidade até o vício. Convém saber *se preservar*: a maior prova de independência.

42.

Surge um novo gênero de filósofos: ouso batizá-los com um nome não desprovido de perigo. Tal como posso discerni-los, tal como eles se deixam discernir – pois é típico deles *desejar* permanecer envoltos em enigma – Esses filósofos do futuro poderiam possuir um direito, talvez também um veto: o de serem chamados de *tentadores*. Esse próprio nome é apenas uma tentativa, e, caso se queira, uma tentação.

43.

Serão esses filósofos vindouros novos amigos da "verdade"? Bem provavelmente: pois até hoje todos os filósofos amaram suas verdades. Contudo, por certo não serão dogmáticos. Ofenderia seu orgulho e também seu gosto, caso sua verdade fosse considerada verdade para todos. Este foi até agora o desejo secreto e sentido encoberto de todos os esforços dogmáticos. "Meu julgamento é *meu* julgamento: o direito a ele não é cedido facilmente a outrem" – dirá talvez um filósofo do futuro. Deve-se afastar de si o mau gosto de querer concordar com a maioria. O "bem" não mais o será caso pronunciado pela boca do vizinho. E como poderia haver de fato um "bem comum"? A palavra se contradiz: o que pode ser comum não terá muito valor. Por fim, convém permanecer como se permanece e sempre se permaneceu: as coisas grandes ficam reservadas aos grandes; os abismos para os profundos, as ternuras e os calafrios para os refinados, e, no geral e no particular, toda a raridade para os raros. –

44.

Precisarei, depois de tudo isso, dizer ainda que também eles, esses filósofos do futuro, serão espíritos livres, *muito* livres – e que por certo também não serão mais *simplesmente* espíritos livres e sim algo acima, algo mais elevado, maior e profundamente diferente que não quer ser desconhecido nem confundido? Porém, ao dizê-lo, quase sinto – para com eles e não menos do que para conosco, seus arautos e precursores, nós, espíritos livres! – *obrigado* a varrer um velho e estúpido preconceito e equívoco comum a nós que, por tempo demais, turvou como um nevoeiro o conceito de "espírito livre". Em todos os países da Europa, e mesmo na América, existem hoje os que fazem mau uso desse conceito: trata-se de um tipo de espírito muito limitado, restrito e preso. Desejam quase o contrário do que existe nas nossas intenções e instintos – sem mencionar o fato de que esse tipo restrito será janelas fechadas e portas aferrolhadas no que diz respeito a esses novos filósofos. Em uma palavra, embora ela seja detestável: eles pertencem aos *niveladores*, esses equivocadamente chamados de "espíritos livres" – como eloquentes e prolíficos escravos escrevinhadores do gosto democrático e suas "ideias modernas". São todos homens sem solidão, sem solidão própria; bravos rapazes desajeitados sem os atributos da coragem e tampouco da honra moral, pois são efetivamente cerceados e também superficiais até o ponto do riso, sobretudo na sua tendência de ver a causa para toda a miséria e fracassos humanos nas formas ainda vigentes da velha sociedade: com o que a verdade alegremente se pôs de cabeça para baixo! O que eles querem conseguir com todas as forças é a verde e generalizada felicidade pastoril do rebanho provida de segurança, mansidão, conforto e alívio de vida para todos; seu par de canções e ensinamentos mais cantados são "igualdade de direitos" e "compaixão por tudo o que sofre" – e o próprio sofrimento é considerado por eles algo a se *abolir*. Nós, que ao contrário, abrimos um olho e uma consciência para o questionamento sobre onde e como a planta "homem" vicejou mais vigorosamente às alturas, acreditamos que isso aconteceu todas as vezes sob condições opostas, de maneira que primeiramente a periculosidade da condição humana cresceu de modo extremo, assim a capacidade humana de invenção e de representação (seu "espírito") exposta a longa pressão e coerção se desenvolveu em sutileza e ousadia; sua vontade vital pôde ser elevada até a vontade do desejo de poder incondicional: achamos que dureza, violência, escravagismo, perigo na rua e no coração, isolamento, estoicismo, arte da tentação e satanismo de toda espécie, bem como que tudo o que é mau, terrível, tirânico, predatório e reptiliano no ser humano, servem tão bem à elevação da espécie "humana" como o seu contrário. E não falamos ainda o bastante, que tenhamos falado tanto, e de qualquer forma, este é o ponto que alcançamos com nossa fala e nosso silêncio, na *outra* extremidade de toda a ideologia moderna e desejos de rebanho: talvez, como seu antípoda? É de se admirar que nós, "espíritos livres", não sejamos exatamente os espíritos mais comunicativos? E que em todos os aspectos não desejemos transparecer *a partir* de que ponto um espírito pode se fazer livre e *para onde* então ele talvez possa ser impelido? E no tangente à perigosa fórmula "além do bem e do mal", esta pelo menos nos protege da confusão: não somos "*libres-penseurs*", "*liberi pensatori*", "*Freidenker*"*

*Livres-pensadores, em francês, italiano e alemão, respectivamente. (*N. do T.*)

e o que mais esses bravos defensores das "ideias modernas" gostem de se nomear. Estivemos em casa, ou ao menos nos hospedamos, em muitos territórios do espírito; escapamos sempre de cantos escuros e agradáveis onde preferência e ódio, juventude, origem, acaso de homens e de livros, ou mesmo a fadiga da peregrinação pareciam nos deter; plenos de malícia ante a isca da dependência oculta na honra, ou no dinheiro, ou nos cargos, ou ainda nos entusiasmos dos sentidos. Somos gratos até pela privação e enfermidade mutante, pois elas sempre nos livram de alguma regra e do seu "preconceito". Somos gratos a deus, diabo, ovelha e verme que haja em nós; curiosos até o vício, pesquisadores até a crueldade com dedos aptos para o intangível. Nossos dentes e estômagos acham-se prontos para o mais indigesto, prontos para qualquer ofício que exija perspicácia e juízo agudos, prontos, graças a um excedente de "livre-arbítrio", para qualquer confronto com almas de frente ou de tocaia nas quais ninguém discerne facilmente as últimas intenções, com imorredouros motivos de primeiro plano ou de plano de fundo. Prontos para o oculto sob o manto da luz. Somos conquistadores, embora assemelhados a herdeiros e dissipadores; ordenadores e colecionadores desde a manhã até a tarde. Somos avarentos com as nossas riquezas e gavetas abarrotadas, econômicos no aprender e no esquecer, criativos nos esquemas, às vezes orgulhosos nas tabelas de categorias, às vezes pedantes, às vezes notívagos do trabalho mesmo nos dias claros; sim, quando se faz necessário, até espantalhos – e hoje se faz necessário, ou seja, na medida em que somos os amigos inatos, jurados e zelosos da *solidão*, da nossa própria e mais profunda solidão mais representativa da meia-noite e do meio-dia – nós, espíritos livres, somos esse tipo de homem! Porventura seriam *vocês*, vindouros, também um pouco disso? Vocês, *novos* filósofos? –

3
O ser religioso

45.

A alma humana e suas fronteiras, a dimensão até aqui alcançada das experiências internas do homem, as alturas, profundidades e vastidões dessas experiências, toda a história anterior da alma e suas possibilidades ainda inexploradas: este é o campo de caça predestinado ao psicólogo nato e amante da "grande caçada". Entretanto, com que frequência ele deverá dizer desesperadamente para si mesmo: "Alguém me ajude! Ah, apenas um alguém! Como é imensa essa floresta, selva bravia!" E assim ele anseia por algumas centenas de ajudantes de caça e por cães rastreadores bem-adestrados os quais ele possa atiçar na história da alma humana para nela conseguir *sua* presa. Ele experimenta de novo, profunda e amargamente, quão difícil é encontrar ajudantes e cães em todas as coisas que de fato despertam a sua curiosidade. A queixa recebida ao se enviar eruditos a novos e perigosos territórios de caça – onde coragem, inteligência e sutileza em todos os sentidos se fazem necessárias – consiste em que eles não se mostram mais úteis precisamente lá onde começa não só a "grande caçada", mas também o grande perigo: exatamente lá eles perdem seu olho e nariz rastreadores. Para, por exemplo, adivinhar e determinar que tipo de história tem tido até agora o problema do *saber e da consciência* na alma dos *homines religiosi** talvez seja necessário ser alguém talvez tão profundo, tão ferido e tão desmesurado quanto a consciência intelectual de Pascal – e ainda assim se precisaria sempre daquele céu

*Homens religiosos. (*N. do T.*)

expandido da espiritualidade clara e maliciosa que, de cima para baixo, consegue abranger, ordenar e restringir a fórmulas essa multidão de perigosas e dolorosas vivências. Mas quem me faria esse serviço? Quem teria tempo para esperar por tal criado? Eles parecem raramente crescer; são tão improváveis em todas as épocas! Por fim, deve-se fazer tudo *por si mesmo* para também por si saber de alguma coisa, portanto, *há muito* a fazer! Contudo uma curiosidade do meu tipo permanece agora o mais agradável de todos os vícios – Perdão! Eu queria dizer: o amor à verdade tem o seu pagamento no céu e já na Terra. –

46.

A fé, tal como a exigia e não raro a alcançou o cristianismo primitivo – e isso em meio a um mundo meridional cético e de pensamento livre que tinha dentro e atrás de si um século de longas lutas entre escolas filosóficas, acrescida a educação para a tolerância ministrada pelo *imperium Romanum* –, esta *não* é aquela fé sincera e rude dos submissos com a qual um Lutero ou um Cromwell ou mesmo um bárbaro nórdico do espírito se apegou a seu deus e ao cristianismo; ela se aproxima muito mais daquela fé de Pascal que, de um modo terrível, se assemelha a um lento suicídio da razão, de uma razão tenaz, longeva e roedora que não se pode exterminar de uma vez em um único golpe. A fé cristã é sacrificial desde o seu início: sacrifício de toda a liberdade, de todo o orgulho, de toda a autoconfiança do espírito na medida em que prega escravização, autoescárnio e automutilação. Há crueldade e fenicismo* religioso nessa fé atribuível a uma consciência frágil, multifacetada e muito mimada: sua premissa é a de que a sujeição do espírito *provoca dores indescritíveis* de maneira que todo o passado e hábito de um tal espírito se defenda do *absurdissimum* a ele defron-

*Relativo aos fenícios. (*N. do T.*)

tado pela "fé". As pessoas modernas, com seu embotamento ante toda a nomenclatura cristã, não mais simpatizam com o horrível superlativo do antigo gosto na paradoxal fórmula "deus na cruz". Até agora e em parte alguma não houve jamais semelhante audácia na inversão, nem algo igualmente terrível, questionante e questionável como essa fórmula: ela prometia uma transvaliação de todos os antigos valores. – É o Oriente, o *profundo* Oriente; é o escravo oriental que dessa maneira consumava a sua vingança em Roma, e na nobre e frívola tolerância desta, por meio do "catolicismo" romano da fé: – e nunca foi a crença e sim a liberdade de crenças, aquela despreocupação meio estoica e risonha ante a seriedade da crença, o que indignou os escravos em seus senhores e contra eles. A "Iluminação" incomoda: o escravo anseia o incondicional; ele só compreende a tirania, mesmo na moral. Ele ama e odeia sem nuances e nisso vai até o fundo, até a dor, até a patologia. Seu sofrimento *oculto* o deixa furioso com o gosto nobre, o qual parece *negar* o sofrimento. O ceticismo ante o sofrimento, no fundo uma atitude restrita à moral aristocrática, também contribuiu significativamente na formação da última grande rebelião de escravos, que se iniciou com a Revolução Francesa.

47.

Em todas as partes em que a neurose religiosa surgiu até agora, nós a encontramos associada a três perigosas prescrições de dietas: solidão, jejum e abstinência sexual, contudo sem que fosse definido com segurança o que era causa e o que era efeito, e *se* de fato aí existisse uma relação de causa e efeito. Essa última dúvida se justifica, pois exatamente a volúpia mais súbita e extravagante pertence aos sintomas mais regulares da neurose religiosa tanto em povos selvagens quanto nos pacificados. Esta então se transforma de modo igualmente repentino, tanto em espasmo de penitência quanto em negação do mundo e da vontade: ambos talvez interpretáveis como epilepsia mascarada? Entretanto, em parte alguma, se deveria se eximir mais das interpretações: até agora em tipo algum vicejou tanto uma tal abundância de tolices e superstições. Até agora nada pareceu interessar mais ao homem, mesmo aos filósofos... Seria tempo de, exatamente aí, adquirir um pouco de sobriedade, de aprender a arte da cautela ou, melhor ainda, de afastar o olhar e de se *caminhar para longe*. Até no fundo da filosofia mais recente (a de Schopenhauer) se apresenta, quase como o problema em si, esse terrível ponto de interrogação da crise e renascimento religiosos. Como é *possível* a negação da vontade? Como é possível o santo? Esta parece realmente ter sido a questão que levou Schopenhauer a filosofar. E assim foi uma genuína consequência schopenhauriana quando seu mais convicto partidário (e talvez também o seu último, no tangente à Alemanha), nomeadamente Richard Wagner, encerrou a obra de sua vida justamente aí, e por fim ainda apresentou no palco esse tipo terrível e eterno representado por Kundry *type vécu*;* ao mesmo tempo, os psiquiatras de quase todos os países da Europa tinham oportunidade de estudar de perto em toda parte onde a neurose religiosa – ou como eu a chamo, "o ser religioso" – teve o seu último surto e aumento epidêmicos como "Exército da Salvação". Questione-se todavia o que foi incondicionalmente tão interessante afinal em todos os fenômenos da santificação de pessoas de todos os tipos e épocas, incluindo os filósofos: não há dúvida de que se trata dela, da aparência concreta do milagre, ou seja, da *sucessão imediata de opostos*, de condições anímicas avaliadas de forma moral como opostas. Aí se acreditou palpável o momento em que de repente um "homem mau" se torna um "santo". A psicologia vigente sofre um naufrágio nesse ponto: não se deveria isso principalmente ao fato de haver ela se

*Tipo vivido. Kundry é uma personagem de *Parsifal*, última ópera de Richard Wagner. (*N. do T.*)

colocado sob o domínio da moral – ao acreditar ela própria nas oposições morais de valores – e então ver, ler e *interpretar* essas oposições como texto e *fato*? – Como? São "milagres" apenas erros de interpretação? Uma falta de filologia? –

48.

Aparentemente as raças latinas internalizaram muito mais o seu catolicismo do que os países do Norte, o cristianismo como um todo; assim, em nações católicas, a falta de fé representa algo muito diferente do que nas nações protestantes – naquelas é uma espécie de indignação *contra* o espírito da raça, ao passo que em nós trata-se antes de um retorno *ao* espírito (ou falta de –) da raça. Nós, nórdicos descendemos indubitavelmente de raças bárbaras, também no tangente à nossa aptidão para a religião: somos *maldotados* para ela. Convém excetuar os celtas, que por isso mesmo propiciaram também o melhor solo para a acolhida da infecção cristã no Norte: na França o ideal cristão veio a florescer, tanto quanto o pálido sol do Norte permitiu. Quão estranhamente devotos parecem ao nosso gosto estes recentes céticos franceses, uma vez que há algum sangue celta na sua origem! Quão católica, quão antialemã nos parece a sociologia de Auguste Comte, com sua lógica romana do instinto! Quão jesuítico é Saint-Beuve, aquele amável e inteligente cicerone de Port-Royal, não obstante toda a sua hostilidade aos jesuítas! E mesmo Ernest Renan... Quão indecifrável soa para nós, nórdicos, a linguagem de um tal Renan, em que a todo momento algum nada de tensão religiosa tira o equilíbrio de sua alma que, em um sentido mais refinado, se mostra voluptuosa e inclinada ao conforto! Cite-se estas suas belas frases e se sinta o quanto de malícia e arrogância se agita logo em resposta na nossa alma, provavelmente menos bela e mais dura, isto é, alemã! – *"Disons donc hardiment que la religion est un produit de l'homme normal, que* *l'homme est le plus dans le vrai quand il est le plus religieux et le plus assuré d'une destinée infinie... C'est quand il est bon qu'il veut que la vertu corresponde à un ordre éternel, c'est quand il contemple les choses d'une manière désintéressée qu'il trouve la mort révoltante et absurde. Comment ne pas supposer que c'est dans ces moments-là, que l'homme voit le mieux?...*"* Estas frases soam de modo tão *antípoda* aos meus ouvidos e hábitos que, quando com elas me deparei, meu primeiro repente de ira assim escreveu: *la niaiserie religieuse par excellence!*** – Por fim, minha ira última começou até a gostar delas, destas frases com suas verdades colocadas de cabeça para baixo! É tão agradável, tão enobrecedor possuir antípodas de si!

49.

O que surpreende na religiosidade dos gregos antigos é a abundância incondicional de gratidão que dela emana – trata-se de um tipo muito nobre de homem este que *assim* se posiciona ante a natureza e a vida! – Mais tarde, quando a plebe preponderou na Grécia, o *medo* vicejou também na religião; e o cristianismo se preparava. –

50.

A paixão a Deus: nela existem tipos camponeses, ingênuos e presunçosos como Lutero. Todo o protestantismo carece da *delicatezza* meridional. Existe nela um estar fora de si oriental

*Digamos portanto com franqueza: a religião é produto do homem normal, pois o homem situa-se mais na verdade quando ele é o mais religioso e o mais convicto de um destino infinito... Ao ser bom, ele deseja que a virtude corresponda a uma ordem eterna; é quando ele contempla as coisas de forma desinteressada que pensa que a morte é revoltante e absurda. Como não supor que nesses momentos o homem deseja o melhor?... (*N. do T.*)
**O disparate religioso por excelência! (*N. do T.*)

como num escravo imerecidamente perdoado ou promovido como, por exemplo, no caso de Agostinho, o que carece da forma ofensiva de toda a nobreza dos gestos. Existem nela uma ternura e cobiça femininas que, envergonhada e inconscientemente, compelem a uma *unio mystica et physica** como bem demonstra Madame de Guyon. Em muitos casos ela se manifesta de modo bastante surpreendente como disfarce da puberdade de uma garota ou de um menino; às vezes como histeria de uma solteirona e também como sua última ambição: muitas vezes a Igreja já santificou mulheres em tal situação.

51.

Até agora as pessoas mais poderosas ainda se curvam sempre em adoração aos santos, ante o enigma do domínio e última privação intencional: por que se curvaram? Pressentiram nele – e, a bem dizer, atrás do ponto de interrogação da sua aparência frágil e deplorável – a força superior que queria testar em uma tal superação, a força da vontade na qual souberam novamente reconhecer e honrar a própria força e prazer dominador: honravam algo em si ao honrarem os santos. Entretanto, a visão dos santos também lhes despertava uma suspeita, daí diziam e questionavam-se: "Será uma tal monstruosidade em negação e em antinatureza cobiçada em vão?" Haverá talvez um motivo para isso, um enorme perigo sobre o qual o asceta, graças a seus interlocutores e visitantes secretos, possa ser instruído mais de perto? Basta: os poderosos do mundo aprenderam a ter um novo medo; pressentiram então um novo poder, um inimigo estranho e ainda insuperável: – tratava-se da "vontade de poder" a obrigá-los a se deter diante dos santos. Precisavam consultá-lo. –

*União mística e física. (*N. do T.*)

52.

No "Antigo Testamento" judaico, o livro da justiça divina, há pessoas, coisas e falas num estilo tão grandioso que as literaturas grega e indiana não têm como equiparar. Detemo-nos com pavor e respeito ante esses imensos remanescentes daquilo que uma vez foi o homem, e então teremos pensamentos tristes sobre a velha Ásia e sua península avançada, a Europa que deseja desesperadamente (mesmo indo contra a Ásia) o "progresso do homem". Certamente quem é apenas um delicado e manso animal doméstico e só conhece as necessidades de animal (caso dos nossos instruídos de hoje, incluindo os cristãos do cristianismo "instruído") nada terá para admirar e tampouco para se afligir sob essas ruínas – o tipo de gosto pelo Antigo Testamento é um critério no que diz respeito à "grandeza" e "pequenez": talvez o Novo Testamento, o livro do perdão, sempre lhe fale mais ao seu coração (nele há muito do cheiro doce de mofo de caçarolas maçantes e de almas pequenas). A fusão desse Novo Testamento, uma espécie de rococó em todos os sentidos, com o Antigo Testamento para a formação de um livro chamado "Bíblia" como "o livro em si": esta talvez represente a maior temeridade e "pecado contra o espírito" que a Europa literária tem em sua consciência.

53.

Por que o ateísmo hoje? "O Pai" em Deus é profundamente refutado; e da mesma forma "o Juiz", "o Recompensador". O mesmo se dá com o seu "livre-arbítrio": ele não ouve e, caso ouvisse, não saberia contudo como ajudar. O pior é: ele parece incapaz de se comunicar de forma clara. Será ele obscuro? isto foi o que descobri – como causas para o ocaso do teísmo europeu – a partir de muitas conversas, perguntas e escutas; parece-me que na verdade o instinto religioso acha-se em poderoso crescimento, entretanto de uma forma que rejeita precisamente o contentamento teológico com profunda desconfiança.

54.

O que então faz, basicamente, toda a filosofia moderna? Desde Descartes – e na verdade mais por despeito dele do que com base em seu processo – se comete, por parte dos filósofos, um atentado contra o velho conceito de alma sob a aparência de crítica aos conceitos de sujeito e predicado – que é um atentado à premissa básica da doutrina cristã. A filosofia moderna (na sua condição de dúvida teórica sobre o conhecimento) é, oculta ou abertamente, *anticristã*: ainda que, falando para ouvidos mais sutis, de modo algum antirreligiosa. Outrora efetivamente se acreditou na "alma" tal como se acreditou na gramática e no sujeito gramatical; dizia-se: o "eu" é a condição e o "penso", o predicado a ele condicionado, logo o pensar é uma atividade para a qual um sujeito *deve* ser concebido como causa. Então, com persistência e astúcia admiráveis, foi procurada uma forma de se poder escapar dessa rede pelo questionamento; a verdade não seria talvez o inverso: o "penso" passaria à condição, enquanto o "eu" seria o condicionado; o "eu" seria, portanto, só uma síntese criada pelo próprio pensar. No fundo, *Kant* deseja provar que o sujeito não poderia ser provado fora do sujeito, e o objeto também não: a possibilidade de uma *existência aparente* do sujeito, portanto "da alma", não poderia lhe ter sido sempre estranha, aquele pensamento que, como filosofia vedanta, já estivera uma vez no mundo e com imenso poder.

55.

Existe uma grande escada da crueldade religiosa e ela possui muitos degraus, contudo três deles são os mais importantes. Outrora se sacrificavam pessoas ao seu deus, talvez justamente aquelas que mais se amava; aí se enquadram os sacrifícios de primogênitos de todas as religiões pré-históricas, bem como o sacrifício do imperador Tibério na gruta de Mitra na ilha de Capri, o mais macabro de todos aqueles anacronismos romanos. Depois, na época moral da humanidade, sacrificou-se aos seus deuses os mais fortes instintos que se possuía, a sua "natureza"; é *esta* alegria festiva que irradiava nos olhares maus dos ascetas, dos "antinaturais" entusiasmados. E por fim, o que restou para sacrificar? Não se deveria afinal sacrificar também tudo o que fosse consolador, santo, salvador bem como toda a esperança, toda a fé na harmonia oculta, na bem-aventurança e justiça futuras? Não se deveria sacrificar o próprio Deus e, por crueldade contra si, adorar a pedra, a estupidez, a gravidade, o destino e o nada? Sacrificar Deus ao nada – Esse mistério paradoxal da crueldade definitivo foi reservado ao gênero que surge precisamente agora: todos nós conhecemos um pouco disso. –

56.

Quem, como eu, com alguma curiosidade enigmática se esforçou longamente em examinar o pessimismo com profundidade e se desvencilhou da estreiteza e simplicidade meio cristã e meio alemã, com as quais se apresentou tal pessimismo neste século, nomeadamente na forma da filosofia schopenhauriana; quem realmente olhou com um olho asiático, e mais do que asiático, para dentro e para baixo da mais negadora de todas as mentalidades possíveis – além do bem e do mal, e não mais, como Buda e Schopenhauer, sob o feitiço e ilusão da moral –, quem os fez talvez *exatamente* por isso e sem que na verdade o queira, teve os olhos abertos para o ideal inverso: o ideal dos homens mais destemidos, vitais e afirmadores do mundo, que aprenderam não apenas com o que foi e com o que é – com o excluído e com o tolerado –, mas que também deseja outra vez assim *como foi e como é*, por toda a eternidade, gritando, incansável "*da capo*"* não apenas para si, mas para todas as peças e espetáculos, e não apenas para um espetáculo, mas no fundo para aquele que necessita de fato desse espetáculo – e necessário o torna: porque sempre volta a necessitar dele. – Como? Não seria isso o *ciculus vitiosus deus*?**

57.

Como o poder da sua visão e compreensão espirituais crescem, a distância e, a bem dizer, o espaço em torno dos homens cresce também: seu mundo se torna mais profundo, e sempre novas estrelas, novos enigmas e imagens surgem em seu panorama. Talvez tudo que o olho do espírito usou para exercitar sua perspicácia e profundidade fosse apenas uma ocasião propícia para o seu treinamento, uma coisa lúdica, algo para crianças e cabeças infantis. Talvez em dado momento, os mais festivos conceitos pelos quais mais se tem lutado e sofrido – os conceitos de "Deus" e "pecado" – nos parecerão menos importantes do que um brinquedo de criança e uma dor de criança para um homem velho; e talvez "o homem velho" precise então de um outro brinquedo e uma outra dor – sempre criança o bastante, uma eterna criança!

58.

Já se observou até que ponto é necessário o ócio ou o semiócio externos para uma efetiva vida religiosa (e para o seu microscópico trabalho favorito de autoexame, da mesma forma como também para aquela delicada serenidade chamada "oração" que é uma prontidão contínua para a "vinda de Deus")? Refiro-me ao ócio em boa consciência, vindo da antiguidade, hereditário.

---

*Do início. (*N. do T.*)

**Círculo vicioso de Deus. (*N. do T.*)

Não é de todo estranho ao sentimento dos aristocratas de que o trabalho *desonra*, ou seja, que vulgariza alma e corpo? E que, por decorrência, a laboriosidade moderna – barulhenta, consumidora de tempo, orgulhosa de si, estupidamente orgulhosa – mais do que outra coisa, educa e prepara exatamente para a "descrença"? Entre aqueles que, por exemplo, vivem hoje na Alemanha à parte da religião, encontro pessoas dos mais diversos tipos e origens do "livre-pensamento", mas antes de tudo uma multiplicidade daqueles nos quais a laboriosidade dissolveu os instintos religiosos de geração em geração: assim, não sabem mais para que servem as religiões, e só com uma espécie de espanto brusco conseguem assimilar sua existência no mundo. Elas já se sentem bastante justificadas, essas bravas pessoas, seja por seus negócios, seja por seus prazeres, para não se falar da "pátria", dos jornais e dos "deveres da família": parece não lhes restar tempo algum para a religião; e um ponto em especial lhes parece também dos mais obscuros: trata-se de um novo negócio ou de um novo prazer? Pois não é possível que se digam: "Só se vai à igreja para acabar com a alegria." Não são inimigas das condutas religiosas; se em certos casos for exigida – talvez da parte do Estado – a participação em tais condutas, então elas acatam o que se exige tal como já se faz tanta coisa, com uma seriedade paciente e discreta e sem muita curiosidade e desconforto: elas já vivem muito à parte e alheias até para acharem necessário um pró e um contra em tais coisas. Hoje a maioria dos protestantes alemães das classes médias situa-se entre esses indiferentes, especialmente nas áreas de trabalho dos grandes centros de comércio e transporte; o mesmo se dá com a maioria dos eruditos laboriosos e todo o quadro das universidades (excluídos os teólogos, cuja existência e viabilidade sempre criam lá mesmo enigmas maiores em número e em sutileza a serem decifrados pelos psicólogos). Raras vezes homens devotos ou mesmo apenas eclesiásticos avaliam *quanta* boa vontade, poderia também dizer livre-arbítrio, um erudito alemão precisa para levar a sério o problema da religião; com base em todo o seu ofício (e, como foi dito, com base na laboriosidade desse ofício a que compromete a sua consciência moderna), ele tende a uma serenidade superior e quase bondosa ante a religião, que às vezes se mistura a um leve menosprezo voltado contra a "impureza" do espírito por ele pressuposta em toda parte onde ainda se confessa na igreja. Só com a ajuda da história (e, portanto, *não* a partir da sua experiência pessoal) o erudito consegue alcançar seriedade reverencial e certa consideração cautelosa ante as religiões; mas caso ele tenha alçado o seu sentimento a ela até a gratidão, ainda assim não terá dado qualquer passo adiante como pessoa ante igreja ou devoção. Visto mais de perto talvez se perceba o contrário. A indiferença prática com assuntos religiosos com a qual ele nasceu e foi educado costuma ser sublimada como cautela e pureza tímidas no trato com pessoas e coisas religiosas; e pode ser a exata profundidade da sua tolerância e humanidade o que lhe permite escapar das carências inerentes ao próprio tolerar. Cada época possui seu próprio tipo de ingenuidade, cuja invenção deve causar inveja a outras épocas: e quanta ingenuidade, ingenuidade venerável, infantil e ilimitadamente desajeitada se observa nas crenças de superioridade dos eruditos, na boa consciência da sua tolerância, na segurança confiantemente simplória com que seu instinto trata a pessoa religiosa como um tipo inferior e mais baixo sobre o qual ele próprio *cresceu* em todos os sentidos – Ele é o pequeno anão arrogante e homem da plebe, o dedicado e lépido trabalhador mental e manual das "ideias", das "ideias modernas"!

59.

Quem olhou com profundidade para o mundo provavelmente percebe quanta sabedoria existe no fato de as pessoas serem superficiais. É seu instinto de preservação que nos ensinou a serem fugidias, leves e falsas. Entre filósofos e artistas, encontra-se aqui e acolá uma adoração apaixonada e exagerada da "forma pura": ninguém duvide de que quem necessita tanto assim do culto ao superficial alguma vez alcançou um ponto abaixo da superfície, com resultados desastrosos. Talvez haja uma hierarquia entre essas crianças chamuscadas, os artistas natos, que encontram o prazer da vida apenas na intenção de falsificar sua imagem (numa demorada vingança contra a vida –): podemos deduzir o grau em que a vida lhes é deteriorada pela medida em que eles desejam falsear, esvair, transcender e divinizar a sua imagem, assim poderíamos enquadrar os *homines religiosi* como artistas, estando eles no *topo* desta hierarquia. Um profundo e suspeito temor ante um pessimismo incurável força todo milênio a cravar seus dentes numa interpretação religiosa da existência: o medo de que o instinto pressinta que podemos nos apoderar da verdade cedo demais antes de o homem estar suficientemente forte e duro, suficientemente artista... A devoção à "vida em Deus", observada sob esse olhar, parece o mais sutil e definitivo produto do medo ante a verdade; algo como a adoração e a embriaguez dos artistas frente ao mais consistente de todos os falseamentos, algo como a vontade de inverter a verdade em inverdade a qualquer preço. Talvez até agora não tenha existido outro meio mais poderoso para embelezar o próprio ser humano do que a devoção: por meio dela o homem pode – em enorme medida – se tornar arte, superfície, jogo de cores e bondade, não mais sofrendo, então, pela sua aparência. –

60.

Amar as pessoas *pela vontade de Deus* – este foi até agora o sentimento mais nobre e extremo alcançado entre os homens. Isso porque o amor às pessoas sem alguma segunda intenção santa é *mais* uma estupidez e abominação, pois a propensão para tal filantropia só poderia receber sua medida, sua sutileza, sua pitadinha de sal e poeirinha de âmbar de uma propensão superior: – fosse quem fosse a primeira pessoa a sentir e "vivenciar" isso, como ela certamente tropeçou com a língua ao tentar exprimir tal ternura; ela nos permanecerá santa e venerável por todos os tempos como a pessoa a até agora voar mais alto e a se equivocar do modo mais belo!

61.

O filósofo tal como *nós*, livres-pensadores, o compreendemos na sua condição de homem da mais vasta responsabilidade e possuidor da consciência para o desenvolvimento cabal do ser humano, será alguém a se servir das religiões para suas obras criativas e educacionais, da mesma forma com que se servirá das respectivas condições políticas e econômicas. A influência interpretativa e criativa, ou seja, sempre tão destruidora quanto criadora, que pode ser exercida com a ajuda das religiões é a mais múltipla e diversa conforme o tipo de homem colocado sob seu rumo e abrigo. Para os fortes, os independentes, os preparados e predestinados para o comando – nos quais se corporifica a razão e a arte de uma raça dominante – a religião representa um meio a mais para superar resistências e para dominar. Ela atuará como um vínculo a ligar o dominador aos dominados, pois a consciência dos últimos – o que possuem de mais oculto e internalizado e que bem queria se eximir da obediência – se revela e se compromete aos primeiros: e, se devido a uma alta espiritualidade, aquelas naturezas individuais de origem nobre se inclinarem a uma vida mais reservada e contemplativa, conservando-se apenas ao tipo mais refinado do dominar (sobre discípulos jovens ou irmãos de ordem, por exemplo), neste caso a própria religião pode ser utilizada como meio para o sossego ante o estardalhaço e dificuldades de maneiras mais *cruéis* de governo, bem como para a pureza ante a *necessária* sujeira da política. Esta era, por exemplo, a perspectiva dos brâmanes: com ajuda de uma organização religiosa eles se concediam a prerrogativa de permitir ao povo nomear os seus reis, enquanto eles próprios se mantinham e sentiam afastados e libertos, homens das missões mais elevadas e acima das reais. Enquanto isso, a religião também propicia a uma parte dos regidos a orientação e oportunidade para, pela primeira vez, se prepararem para dominar e mandar, nomeadamente naquelas classes e níveis em lenta emergência nas quais, por meio de afortunados costumes matrimoniais, a força e o prazer das vontades, da vontade pelo autodomínio, acha-se sempre em ascensão: a religião lhes oferece suficientes estímulos e tentações para trilharem os caminhos para a espiritualidade mais alta, bem como para experimentar os sentimentos da grande autossuperação, do silêncio e da solidão – o ascetismo e o puritanismo são meios quase indispensáveis de educação e enobrecimento, caso uma raça deseje se elevar da sua origem na plebe e galgar ao primeiro domínio. Às pessoas comuns – à maioria que lá se encontra para servir e para o benefício geral e apenas enquanto forem *necessários*, a religião oferece uma frugalidade inestimável para a sua posição e tipo – uma paz múltipla do coração, um enobrecimento da obediência, uma alegria e sofrimento a mais com o seu igual, bem como algo de transfiguração e embelezamento, algo de justificativa de toda a vida cotidiana, de toda a baixeza, de toda a miséria semianimal de sua alma. A religião e a significância religiosa da vida levam o brilho do sol sobre tais pessoas, sempre oprimidas, e tornam seu próprio aspecto suportável para elas mesmas; ela atua como uma filosofia epicurista costuma atuar em sofredores de níveis mais elevados: aliviando, refinando, a bem dizer *utilizando* o sofrimento e, por fim, até santificando e justificando. Talvez nada no cristianismo e no budismo se mostre tão venerável quanto sua arte de ensinar até os mais rebaixados a se colocarem numa aparente ordem superior das coisas por meio da devoção e assim assegurarem o contentamento na ordem real dentro da qual vivem de modo bem duro – embora para tanto precisamente esta dureza se faça necessária!

62.

Por fim, certamente convém trazer também à luz o contraponto mau de tais religiões e de sua inquietante periculosidade: o preço é sempre alto e terrível caso as religiões *não* sejam administradas como meios de disciplina e educação na mão de um filósofo, e sim o façam *soberanamente*, caso queiram ser elas próprias o objetivo último e não meios junto a outros meios. Existem entre os homens, como em toda espécie animal, um excesso de defeituosos, de doentes, de degenerados, de enfermos e de condenados ao sofrimento; os casos bem-sucedidos representam sempre a exceção também entre os homens e até no que concerne ao fato de que o homem é o *animal ainda não classificado*, a rara exceção. Mas o que é ainda pior: quanto mais elevada for a constituição do tipo humano por ele representada tanto maior sua possibilidade de *fracasso*, pois o aleatório e a lei do absurdo em toda a andadura da humanidade se apresenta no seu efeito mais terrível e destruidor sobre as pessoas mais elevadas, cujas condições existenciais são delicadas, multifacetadas e de difícil avaliação. Mas como então as duas maiores religiões citadas se posicionam ante esse excesso de casos malogrados? Elas procuram manter, garantir a vida àquilo que possua um mínimo de viabilidade, sim, elas tomam fundamentalmente partido pelos sôfregos na sua condição de religiões para os *sofredores*, justificando a todos que suportam a vida como a uma doença e ainda querendo fazer com que qualquer outra sensação de vida pareça falsa e impossível. Conviria aprimorar mais esse cuidado misericordioso e mantenedor na medida em que este até agora também representa e representou, ante todos os demais, o tipo de homem mais elevado e quase sempre também o mais sofredor: no cômputo geral, as religiões *soberanas* já existentes acham-se entre as causas principais para a permanência da espécie "homem" num nível mais baixo, pois sustentam demasiado daquilo *que deveria perecer.* O que a elas se deve é imponderável; e quem é rico o bastante em gratidão para antes de tudo não reconhecer o que, por exemplo, os "homens espirituais" do cristianismo fizeram até hoje pela Europa? E mesmo quando eles proporcionavam consolo aos sofredores, coragem aos oprimidos e desesperados, amparo aos dependentes – retirando da sociedade os internamente desestruturados e asselvajados e atraindo-os para os mosteiros e prisões espirituais: o que mais eles poderiam fazer para trabalhar assim em sólida boa consciência pela manutenção de todos os doentes e sofredores e, a bem do fato e da verdade, pela *deterioração da raça europeia*? Eles precisariam colocar todas as suas tabelas de valores de *cabeça para baixo*... Isso é o que deveriam! E também precisavam destruir os fortes, minar as grandes esperanças, suspeitar da felicidade na beleza; transmutar toda autonomia, virilidade, conquista, despotismo bem como todos os instintos próprios do tipo "homem" mais elevado e bem-constituído em insegurança, peso na consciência e autodestruição, sim, tratava-se de transformar todo amor pelo terreno e pelo domínio sobre terra em ódio contra a Terra e contra o terreno. Isto foi o que a Igreja se impôs como missão – e assim deveria se impor – até fundir afinal em *um único* sentimento o seu conceito de "desapego do mundo", "superação da sensualidade" e "homem superior". Caso se pudesse abranger a comédia surpreendentemente dolorosa e ao mesmo tempo tão grosseira quanto refinada do cristianismo europeu com o olho irônico e imparcial de um deus epicurista, creio que não se encontraria fim para a surpresa e o riso: não parece que por dezoito séculos reinou na Europa uma vontade de fazer do homem uma *sublime aberração*? Quem, entretanto, avistasse com disposições opostas, portanto não mais epicuristas, mas talvez com um martelo divino na mão a essa degeneração e atrofia quase voluntárias do homem – tal como é o caso do cristão europeu (Pascal, por exemplo) –, não deveria então gritar com fúria, compaixão e horror: "Ó vós tolos, tolos presunçosamente piedosos, o que fizestes? Era isto um trabalho para as suas mãos? Como entalharam mal e deformaram a minha mais bela pedra! O quanto removestes!" Eu desejaria dizer: o cristianismo foi até agora o mais funesto dos tipos de autopresunção. Foram homens sem dureza e elevação para poder, como artistas, dar *forma ao homem*; homens sem força e abrangência suficientes para, diante de uma autossuperação sublime, deixar valer a primordial das mil formas do malograr e do perecer; homens sem a suficiente nobreza para discernir a hierarquia e distância abissalmente diferentes entre homem e homem: *esses* homens seguiram administrando o destino da Europa com a sua "igualdade diante de Deus" até que afinal fosse criada uma espécie apequenada e quase ridícula, um animal de rebanho, algo dócil, doentio e medíocre, o europeu de hoje...

4
Aforismos e interlúdios

63.

Quem é professor por essência considera todas as coisas a sério apenas em relação a seus alunos – até ele mesmo.

64.

"O conhecimento pelo conhecimento" – esta representa a última armadilha preparada pela moral: e com isso mais uma vez nos emaranhamos totalmente nela.

65.

A atração pelo conhecimento seria mínima se, no caminho até ela, não houvesse tanta vergonha para ser superada.

65 a.

As pessoas são pouco honestas quando se trata de seu próprio deus: ele não tem *permissão* para pecar.

66.

A inclinação para se permitir rebaixar, roubar, mentir e espoliar poderia ser a vergonha de um deus entre os homens.

67.

O amor a alguém é uma barbárie, pois é exercido à custa do amor a todos os demais. Também o amor a Deus.

68.

"Eu fiz isso", afirma minha memória. "Eu não posso ter feito isso", retruca meu orgulho inflexível. Por fim – a memória cede.

69.

Observou mal a vida, caso não tenha visto também a mão que suavemente – mata.

70.

Quando se tem caráter, tem-se também sua experiência típica, sempre recorrente.

71.

O sábio como astrônomo. – Enquanto ainda sentir as estrelas como algo "acima de você", falta-lhe ainda o olhar do conhecimento.

72.

A marca dos homens elevados não é a força e sim a duração dos sentimentos elevados.

73.

Quem alcança o seu ideal, transcende-o por isso.

73 a.

Alguns pavões ocultam de todos os olhos suas caudas de pavão – isto é, o seu orgulho.

74.

Um homem de gênio é alguém desagradável caso não possua ao menos duas qualidades: gratidão e asseio.

75.

O grau e o tipo da sexualidade de uma pessoa ascendem ao pico mais alto do seu espírito.

76.

Em épocas de paz, o homem de índole guerreira se lança contra si mesmo.

77.

Princípios servem para tiranizar ou justificar os próprios hábitos, bem como honrá-los ou insultá-los ou escondê-los: – duas pessoas com princípios iguais provavelmente desejam coisas totalmente diferentes.

78.

Quem despreza a si mesmo, ainda se respeita como desprezador.

79.

Uma alma que se sabe amada, mas a si mesma não ama, trai seu sedimento: o que ela possui de mais submerso emerge.

80.

Uma coisa que se esclarece deixa de nos importar. – O que pretendia aquele deus que aconselhava "conhece a ti mesmo!"? Seria talvez um "deixa de conjeturar! Sê objetivo!" – E Sócrates? – E o "homem científico"? –

81.

É terrível morrer de sede no mar. Vocês têm de salgar sua verdade a tal ponto que ela não serve mais para – saciar a sede?

82.

"Compaixão para com todos" – isto seria dureza e tirania com *você*, meu caro vizinho!

83.

Instinto. – Quando a casa pega fogo, você esquece até o jantar. – Sim, mas depois o procura sob as cinzas.

84.

A mulher aprende a odiar na medida em que *desaprende* a – encantar.

85.

Os mesmos afetos são diferentes, em *tempo*, entre homem e mulher: por isso homem e mulher não param de se desentender.

86.

Por trás de toda a vaidade pessoal, as próprias mulheres têm ainda seu desprezo impessoal – pela "mulher".

87.

Coração atado, espírito livre. – Quando se amarra o próprio coração, mantendo-o preso, pode-se então conceder muitas liberdades ao espírito. Eu já disse isso uma vez, contudo não acreditaram em mim, apenas aqueles que já sabem.

88.

Comece a desconfiar de pessoas muito inteligentes quando elas ficam embaraçadas.

89.

Experiências terríveis nos fazem pensar se aqueles que as vivenciaram não serão terríveis também.

90.

Pessoas sérias e melancólicas tornam-se mais leves exatamente pelo que deixa as demais sérias – pelo ódio e pelo amor – e assim chegam temporariamente à sua superfície.

91.

Tão frio, tão gélido, que nele se queima os dedos! Toda mão que o toca se aterroriza! – E justo por isso alguns o consideram brasa viva.

92.

Quem nunca por sua boa reputação – sacrificou a si mesmo?

93.

Na afabilidade nada há de misantropia, entretanto, justo por isso há muitíssimo de desprezo pelo ser humano.

94.

Maturidade do ser humano: implica o reencontro da seriedade possuída quando se era criança a brincar.

95.

Se envergonhar da sua imoralidade: aí está um degrau da escada em cujo fim se envergonha também da sua moralidade.

96.

Convém se despedir da vida como Ulisses se despediu de Nausícaa: – bendizendo mais que amando.

97.

Como? Um grande homem? Vejo apenas o ator do seu próprio ideal.

98.

Quando disciplinamos nossa própria consciência, ela então nos beija ao mesmo tempo em que nos morde.

99.

O desapontado diz: – "Esperava o eco, e ouvi só louvor." –

100.

Nós nos apresentamos diante de nós mesmos de modo mais simplório do que somos: assim descansamos dos nossos conviventes.

101.

Hoje um homem de conhecimento poderia facilmente se sentir uma animalização de Deus.

102.

Descobrir ser correspondido deveria efetivamente proporcionar àquele que ama sobriedade para com o ser amado. "Como?

É ele modesto o bastante até para te amar? Ou estúpido o bastante? Ou – ou –."

103.

O perigo na felicidade. – "Agora tudo me serve do melhor modo; amo agora, qualquer destino. Quem tem prazer em ser o meu destino?"

104.

Não é a sua filantropia, e sim a impotência da sua filantropia que impede os cristãos de hoje – de nos queimar.

105.

A *pia fraus** vai mais contra o gosto do espírito livre, do "devoto do conhecimento" (contra a sua "devoção") do que a *impia fraus.*** Daí seu profundo desacordo contra a Igreja quando ele pertence ao tipo do "espírito livre", pois nela percebe o seu cativeiro.

106.

Pelo poder da música as paixões desfrutam a si mesmas.

107.

Se, em dado momento, é tomada a decisão de se fechar os ouvidos ante o melhor contra-argumento: marca do caráter forte. E portanto também de um eventual desejo por estupidez.

---

*Fraude piedosa. (*N. do T.*)
**Fraude ímpia. (*N. do T.*)

108.

Não há de modo algum fenômenos morais, mas apenas uma interpretação moral de fenômenos...

109.

Com bastante frequência o criminoso não se acha à altura da sua ação: ele a diminui e calunia.

110.

Raras vezes os advogados de um criminoso são suficientemente artistas para usarem a seu favor o belo horror do seu ato.

111.

É mais difícil ferir a nossa vaidade no momento em que o nosso orgulho é ferido também.

112.

Quem se sente predestinado a ver, e não a crer, encara todos os crentes como barulhentos e intrusivos demais: e se protege deles.

113.

"Deseja ele para você? Pareça envergonhado diante dele. –"

114.

A imensa expectativa com relação ao amor sexual contraposta à vergonha dessa expectativa corrompe, de antemão, todas as perspectivas para as mulheres.

115.

Onde amor ou ódio não entra em jogo, a mulher é uma jogadora medíocre.

116.

As grandes épocas da nossa vida situam-se lá onde adquirimos a coragem de rebatizar nosso lado mau de nosso lado melhor.

117.

A vontade de superar um afeto é, em última instância, apenas a vontade de um outro ou de vários outros afetos.

118.

Existe uma inocência na admiração: quem a sente ainda não atinou que também pode ser admirado em dado momento.

119.

O asco ante a sujeira pode ser tão grande que nos impede de nos limpar – de nos "desmacular".

120.

A sensualidade frequentemente afoba o crescimento do amor de modo que a raiz permanece fraca e fácil de arrancar.

121.

É uma sutileza que Deus tenha aprendido grego quando quis se tornar escritor – e que ele não tenha aprendido melhor.

122.

Para alguns, alegrar-se com um elogio é apenas uma cortesia do coração – e justamente o contrário de uma vaidade do espírito.

123.

Também o concubinato foi corrompido – pelo casamento.

124.

Quem ainda exulta sobre a fogueira não triunfou sobre a dor, mas sobre o fato de não sentir dor alguma onde a esperava. Uma parábola.

125.

Caso tenhamos de mudar de ideia sobre alguém, então lhe imputamos duramente o desconforto que nos causa com isso.

126.

Um povo é uma digressão da natureza para o surgimento de seis ou sete grandes homens. – Sim: e para então evitá-los.

127.

A ciência vai de encontro à vergonha de todas as mulheres honestas. É como se quisesse lhes espiar silenciosamente sob a pele – ou, pior ainda!, sob os vestidos e adornos.

128.

Quanto mais abstrata for a verdade que quiser ensinar, tanto mais deverá seduzir os sentidos para ela.

129.

O diabo possui a mais ampla perspectiva de Deus, por isso se mantém tão distante dele: – o diabo como o mais velho amigo do conhecimento.

130.

O que alguém *é* acaba se revelando pela negligência do seu talento – quando deixa de mostrar do que é *capaz*. O talento também é um adorno; um adorno é também um esconderijo.

131.

Cada sexo se equivoca com o outro: daí honrarem e amarem no fundo apenas a si mesmos (ou o seu próprio ideal, para dizê-lo de modo mais agradável). O homem anseia portanto pela mulher pacífica, mas – tal como o gato – a mulher *nada* tem de pacífica por mais que tenha exercitado a aparência da paz.

132.

Somos mais bem-punidos por nossas virtudes.

133.

Quem não sabe encontrar o caminho para seus *próprios* ideais vive de modo mais impudente e negligente do que alguém sem ideal.

134.

Só dos sentidos provêm toda credibilidade, toda boa consciência, toda aparência da verdade.

135.

O farisaísmo não é uma degeneração das pessoas boas: uma boa medida dele é, ao contrário, a condição de todo o ser-bom.

136.

O primeiro procura uma parteira para seus pensamentos, o segundo, alguém a quem possa ajudar: assim se entabula uma boa conversa.

137.

No trato com eruditos e artistas ocorre facilmente o equívoco da avaliação invertida: não raro se encontra uma pessoa medíocre por trás de um extraordinário erudito e, por trás de um artista mediano, com frequência, alguém muito extraordinário.

138.

Algo que fazemos tanto na vigília quanto nos sonhos: primeiro criamos e inventamos as pessoas com quem nos relacionamos – e esquecemos isso logo.

139.

Na vingança e no amor, a mulher é mais bárbara do que o homem.

140.

Conselho como enigma: "Se não deve o vínculo romper – é preciso antes morder."

141.

O ventre é o motivo para que o homem não se tenha tão facilmente por Deus.

142.

A afirmativa mais casta que já ouvi: "*Dans le véritable amour c'est l'âme qui enveloppe le corps.*"*

143.

O que fazemos de melhor, pelo desejo da nossa vaidade, deveria consistir precisamente naquilo que nos é mais difícil. Origem de algumas morais.

144.

Caso uma mulher mostre inclinações à erudição, então em geral algo se acha desajustado na sua sexualidade. A própria infertilidade já predispõe a certa masculinidade do gosto; se me permitem dizer, o homem é "o animal infértil" por excelência.

145.

Comparando-se homem e mulher em tudo, pode-se dizer: a mulher não possuiria o gênio do encanto se não tivesse o instinto do *papel secundário*.

---

*No amor verdadeiro, é a alma que envolve o corpo. (*N. do T.*)

146.

Quem luta com monstros deve se precaver para não se tornar monstro também. E quando você olha longamente para um abismo, o abismo também olha bem dentro de você.

147.

De antigas novelas florentinas e também – da vida: "*Buona femmina e mala femmina vuol bastone.*"* Sacchetti, nov. 86.

148.

Induzir o próximo a uma boa opinião e, em seguida, acreditar com credulidade nessa opinião do próximo: quem se iguala à mulher nessa façanha? –

149.

Aquilo que uma época considera mau, em geral é sintoma anacrônico do que outrora fora considerado bom – o atavismo de um ideal mais antigo.

150.

Ao redor dos heróis tudo se torna tragédia, à volta dos semideuses, jogo satírico; e ao redor de Deus tudo se torna – como? Porventura se tornará "mundo"? –

151.

Possuir um talento não é o bastante: é preciso também receber sua permissão para ele – certo, meus amigos?

*Tanto as boas quanto as más, as mulheres querem um bastão. (*N. do T.*)

152.

"Onde cresce a Árvore do Conhecimento, ali sempre é o paraíso": assim afirmam as mais jovens e as mais antigas serpentes.

153.

O que é feito por amor sempre acontece além do bem e do mal.

154.

A objeção, a divergência, a desconfiança alegre, a troça representam sinais de saúde: toda a incondicionalidade situa-se na patologia.

155.

O sentido para o trágico aumenta e diminui em compasso com a oscilação da sensualidade.

156.

Entre indivíduos, a loucura se mostra algo raro – porém é a regra entre grupos, partidos, povos e épocas.

157.

Pensar no suicídio constitui poderoso consolo: com ele se supera com facilidade muitas noites ruins.

158.

Aos nossos impulsos mais fortes, ao tirano em nós, sujeita-se não apenas nosso juízo, mas também nossa consciência.

159.

Deve-se pagar o mal e o bem recebidos na mesma moeda: mas por que exatamente à mesma pessoa que nos fez bem ou mal?

160.

Não ama mais tanto assim seu conhecimento tão logo o compartilha.

161.

Os poetas se mostram despudorados ante suas vivências: eles as exploram.

162.

"O nosso mais próximo não é o nosso vizinho; nosso vizinho é o vizinho *dele*" – assim pensa cada povo.

163.

O amor revela as qualidades elevadas e ocultas de quem ama – mostra seu lado raro e excepcional: na mesma medida em que ilude facilmente sobre aquilo que nele representa a regra.

164.

Jesus disse para seus judeus: "A lei era para os servos – amem a Deus como eu O amo, como filho! Que importa a moral a nós, filhos de Deus?" –

165.

Em relação a qualquer partido. – Um pastor sempre precisará de um carneiro-guia – ou então ele próprio deverá eventualmente ser esse carneiro.

166.

Mente-se bem com a boca – entretanto o que se articula com a expressão ainda teima em dizer a verdade.

167.

Entre pessoas duras a intimidade é coisa vergonhosa – e algo precioso.

168.

O cristianismo deu veneno para Eros beber: – bem, na verdade ele não morreria por isso, mas se degeneraria para o vício.

169.

Falar muito de si também pode ser um meio de se ocultar.

170.

No elogio existe mais intromissão do que na repreensão.

171.

Numa pessoa do conhecimento, a compaixão parece quase risível, algo como um ciclope de mãos delicadas.

172.

Às vezes por filantropia se abraça a qualquer um (porque não se pode abraçar a todos): mas justamente isso é o que não se deve revelar a esse qualquer um...

173.

Não odiamos aquilo que menosprezamos, mas apenas aquilo que consideramos igual ou superior.

174.

Vocês, utilitários, também vocês amam tudo o que é *útil* apenas como um *veículo* de suas inclinações – também acham insuportável o ruído das rodas?

175.

Em última instância ama-se o próprio desejo e não o desejado.

176.

A vaidade do outro só vai contra nosso gosto quando vai também contra nossa vaidade.

177.

Talvez ninguém tenha sido suficientemente verdadeiro sobre o que é de fato a "veracidade".

178.

Não convém crer nas tolices de pessoas inteligentes: que perda em direitos humanos!

179.

As consequências das nossas ações arrastam-nos pelos cabelos, muito indiferentes ao fato de que fomos "melhorados" nesse ínterim.

180.

Existe uma inocência na mentira que indica boa crença numa causa.

181.

É desumano abençoar lá onde alguém recebe maldição.

182.

A intimidade de quem é superior exaspera, por não poder ser correspondida. –

183.

"Não que você tenha mentido para mim, mas que eu não acredite mais em você é o que me perturba." –

184.

Há uma petulância na bondade que parece malícia.

185.

"Ele me desagrada." – Por quê? – "Não sou páreo para ele." – Alguma pessoa, em algum tempo, já respondeu assim?

5
Para a história natural da moral

186.

O sentimento moral é hoje na Europa tão sutil, tardio, multifacetado, sensível, refinado quanto, em contrapartida, a "ciência da moral" a ele vinculada se mostra ainda jovem, amadora, desajeitada e rudimentar – um atraente contraste, às vezes até visível e palpável na pessoa de um moralista. O próprio conceito "ciência da moral" já se mostra, em relação ao que pretende designar, orgulhoso demais e contrário ao *bom* gosto, que em geral é um antegosto por palavras mais modestas. Deveríamos, com todo o rigor, admitir para nós mesmos *o que* aqui desde muito ainda se faz necessário, *o que* por enquanto possui exclusivo direito. Refiro-me à coletânea do material, à concepção e ordenação conceituais de um imenso reino sutil de sentimentos de valor e de diferença de valores os quais vivem, crescem, procriam e morrem – e, talvez, também as tentativas de tornar palpáveis as recorrentes e frequentes configurações dessa cristalização viva – como preparação para uma *tipologia* da moral. Efetivamente até agora não se foi tão modesto. Com uma seriedade rígida que faz rir, todos os filósofos exigiram de si algo muito mais elevado, pretensioso e solene tão logo se dedicaram à moral como ciência: desejavam a *fundamentação* da moral. E todo filósofo acreditou até agora haver fundamentado a moral; contudo, a própria preexistia como algo "concedido". Quão longe se encontrava do seu orgulho grosseiro aquela missão de uma descrição aparentemente imperceptível e relegada ao pó e ao mofo, ainda que para ela nem as mais delicadas mãos e sentidos pudessem ser delicados o bastante! Exatamente porque os filósofos da moral conheceram os *fatos* morais apenas de modo grosseiro, por meio de amostras arbitrárias ou de abreviações aleatórias – quiçá como moralidade do seu meio, da sua classe, da sua igreja, do seu *Zeitgeist**, do seu clima e região – exatamente porque foram mal-instruídos e até desinteressados no que tange a povos, épocas e passados, de modo algum examinaram a sério os verdadeiros problemas da moral que, como tais, surgem todos de uma comparação entre *muitas* morais. Por mais estranho que possa soar: até hoje ainda faltou o próprio problema da moral em toda a "ciência da moral". Faltou a desconfiança de que aí há algo problemático. O que os filósofos exigiam de si e chamavam de "fundamentação da moral" era, visto sob a luz adequada, apenas uma forma erudita da boa *crença* na moral dominante, um novo meio de se expressarem, portanto um fato mesmo dentro de determinada moralidade; sim, em última instância até um tipo de negação para que a moral *pudesse então* ser concebida como problema: – e, de qualquer maneira, justamente o contrário de um exame, desmembramento, questionamento e vivissecção dessa crença. Ouça, por exemplo, com que inocência quase venerável até Schopenhauer apresentou sua própria missão e tire conclusões sobre a cientificidade de uma "ciência" cujo último mestre ainda fala como as crianças e as mulheres velhas: – "O princípio", afirma ele (pág. 136 da obra *Os problemas fundamentais da moral*), "a base sobre cujo conteúdo todos os éticos se mostram *efetivamente* unânimes é: *neminem laede, immo omnes, quantum potes, juva.*** Esta é *de fato* a frase que todos os moralistas se esforçam por fundamentar... Representa o verdadeiro fundamento da ética procurado como pedra filosofal há milênios." A dificuldade em se fundamentar a proposição anterior por

---

*Espírito de uma época. (*N. do T.*)

**A ninguém prejudiques, mas ajuda a todos na medida em que possas. (*N. do T.*)

certo pode ser grande – sabe-se que o próprio Schopenhauer não logrou êxito nisso –; e quem, em dado momento, discerniu de maneira profunda quão absurdamente falsa e sentimental se revela essa proposição num mundo cuja essência é a vontade de poder, este poderia então se recordar também que Schopenhauer, apesar de pessimista – tocava flauta... diariamente, após a refeição. A esse respeito, leia sua biografia. E perguntando-se de passagem: um pessimista, um negador de Deus e do mundo, o que se detém frente a moral – que afirma a moral e toca flauta para a moral do *laede neminem*:* como? Será este verdadeiramente – um pessimista?

187.

À parte do valor de afirmações como "existe em nós um imperativo categórico" ainda pode-se sempre perguntar: o que tal afirmação revela sobre quem a faz? Existem morais que devem justificar seu fundador ante os outros; outras morais devem acalmá-lo e deixá-lo satisfeito consigo mesmo; com outras ele deseja pregar e humilhar a si mesmo na cruz; com outras ele quer se vingar, com outras se ocultar, com outras se transfigurar e se colocar além, na altura e na distância; esse tipo de moral serve ao seu fundador, como alívio pelo esquecimento, ao passo que o leva ao esquecimento de si ou de algo de si; muitos moralistas gostariam de exercer poder e disposição criativa sobre a humanidade; muitos outros, talvez até mesmo Kant, dão a entender o seguinte com sua moral: "o que é honroso em mim representa o que eu posso obedecer – e com vocês não deve ser diferente!" Em resumo, também as morais não passam de uma *língua de sinais dos afetos*.

---

*Não faças mal a ninguém. (*N. do T.*)

188.

Toda moral é, em contrapartida ao *laisser-aller**, uma faceta de tirania contra a "natureza" e também contra a "razão": isso, porém, não constitui objeção alguma contra ela, para tanto, seria necessário decretar novamente outro tipo de moral em que fosse proscrito todo tipo de tirania e desatino. O essencial e inestimável em qualquer moral reside no fato de que ela é uma longa coerção: para a compreensão do estoicismo, ou *Port-Royal*** ou do puritanismo. Lembre-se da coerção sob a qual toda língua desenvolveu força e liberdade – a coerção da métrica, da tirania de rima e ritmo. Quanto trabalho se deram em toda nação os poetas e oradores! – Incluindo alguns prosadores de hoje em cujos ouvidos habita uma implacável consciência, "devido a uma loucura", como dizem os patetas utilitaristas, achando-se então inteligentes; "por subserviência ante a arbitrariedade das leis", como dizem os anarquistas, julgando-se então "livres" ou até espíritos livres. Surpreende porém que tudo o que há ou houve sobre a Terra referente à liberdade, sutileza, ousadia, dança e segurança magistral – seja no próprio pensar, ou no reger, ou na persuasão do discurso; e tanto nas artes quanto nas moralidades – só se desenvolveu graças à "arbitrariedade das leis"; e, com toda a seriedade, não parece pequena a probabilidade de que venham *precisamente* dessa "natureza" e desse "natural" – E *não* daquele *laisser-aller*! Todo artista sabe quão longe do sentimento do se deixar levar está a sua condição "mais natural", o seu livre ordenamento, o seu colocar, dispor, formar no momento da "inspiração" – bem como quão rigorosa e sutilmente ele inúmeras vezes obedece à risca as leis onde toda formulação através de conceitos lhe faz troça justamente com base na sua dureza e rigidez (mesmo o conceito mais firme apresenta, se bem-exa-

*Deixar seguir. (*N. do T.*)

**Referência a Port-Royal-des-Champs, abadia a sudoeste de Paris, onde sábios se entregaram à meditação, ao estudo e à contemplação. (*N. do T.*)

minado, algo oscilante, multifacetado, ambíguo). Ao que parece o essencial "no céu como na Terra" é, dizendo-o outra vez, que se *obedeceu* por muito tempo e *numa* direção. Assim sempre se produz e se produzia algo por cuja causa compensava viver na Terra como, por exemplo, virtude, arte, música, dança, razão, espiritualidade. Em suma, alguma coisa transfiguradora, refinada, extravagante e divina. O longo cerceamento do espírito, a coerção desconfiada na comunicabilidade dos pensamentos, a disciplina impostos aos pensadores, o pensar dentro de uma norma eclesiástica e palaciana ou sob premissas aristotélicas, a longa vontade mental, o interpretar tudo o que acontece segundo um esquema cristão e também o descobrir e o justificar de novo o Deus cristão em todos os acasos - toda essa violência, arbítrio, dureza, terribilidade, desatino se evidenciaram como o meio através do qual foi cultivado no espírito europeu a sua força, a sua curiosidade grosseira e sua mobilidade sutil: admita-se - que inevitável e concomitantemente - teve de ser reprimido, sufocado e corrompido na mesma medida muito em força e em espírito (pois aqui como em toda parte "a natureza" se mostra, tal como ela é, em toda a sua grandiosidade esbanjadora e *indiferente* que nos causa indignação, mas é nobre). Se por milênios os pensadores europeus cogitaram apenas em provar algo, hoje inversamente nos é suspeito todo pensador que deseja "provar algo" para ele desde muito já estabelecido, pois isso *deveria* resultar da sua própria e rigorosa reflexão e não, como outrora, de coisa como a astrologia asiática ou, como hoje, de uma inocente interpretação cristã moralista de manifestações pessoais próximas "para a honra de Deus" e "para a salvação da alma": - e essa tirania, esse arbítrio, essa estupidez rigorosa e grandiosa *educaram* o espírito; ao que parece a escravidão é, tanto no sentido mais rude quanto no mais sutil, o meio indispensável também para a disciplina e para a cultura mentais. É possível avaliar toda moral por este enfoque: a "natureza" nela é, tal como no *laisser-aller*, o aprender a odiar a maior de todas as liberdades e, em contrapartida, o cultivar a necessidade de horizontes mais limitados e missões mais próximas – coisas que pressupõem estreitamento das perspectivas e, portanto, em certo sentido a estupidez como condição de vida e de crescimento. "Tu deves obedecer, por muito tempo e a alguém: do contrário perecerás e perderás a última consideração por ti mesmo" – este me parece ser o imperativo moral da natureza, que por certo nem é "categórico", como o velho Kant exigia dele (daí "o contrário") e tampouco tange a indivíduos (que lhe importam os indivíduos!) e sim a povos, raças, épocas, castas e, antes de tudo, a todo animal "homem" e aos homens *em geral*.

189.

As raças laboriosas sentem grande dificuldade em suportar o ócio. Foi obra de mestre do instinto *inglês* santificar o domingo e ao mesmo tempo torná-lo enfadonho de maneira que assim os ingleses de novo inconscientemente ansiassem por suas semanas e dias de trabalho: – como uma espécie de *jejum* sagazmente concebido e intercalado conforme também se pôde muitas vezes constatar no mundo antigo (ainda que, como de hábito, entre os povos meridionais e não exatamente com respeito ao trabalho –). Convém existir jejuns dos mais variados tipos; e onde quer que reinem impulsos e hábitos dominantes, os legisladores instituíram dias intercalados nos quais tal impulso é agrilhoado e experimenta novamente a fome. Vistas de perspectiva mais elevada, épocas e gerações inteiras parecem, caso surjam vinculadas a algum fanatismo moral, tempos de imposições e jejuns em que um impulso se curva e prostra, mas também aprende a se *purificar* e *aguçar*; determinadas seitas filosóficas permitem tal tipo de interpretação (como, por exemplo, a Stoa* em meio à cultura helênica e sua atmosfera lasciva carregada de aromas afrodisíacos). Com isso

---

*Pórtico coberto em que ocorriam diversos eventos, inclusive cerimônias religiosas; era comum na Grécia Antiga. Deu origem à palavra "estoicismo". (*N. do T.*)

também é dada uma pista para a explicação desse paradoxo: por que justamente no período cristão da Europa, em especial sob a influência dos julgamentos de valor cristãos, o impulso sexual se sublimou em amor (*amour-passion*)*?

190.

Há algo na moral de Platão que não lhe pertence de fato, mas que, é possível dizer, apenas se situa na sua filosofia apesar dele próprio. Trata-se, a saber, do socratismo, para o qual ele realmente era nobre demais. "Ninguém quer causar dano a si mesmo, daí todo mal acontece involuntariamente. O homem mau inflige dano a si mesmo, mas ele não faria isso caso soubesse que a maldade é ruim. Por conseguinte, o homem só é mau devido a um erro; se corrigir seu erro, ele se tornará sempre – bom." – Este tipo de dedução cheira a *plebe*, que na ação má só consegue perceber as consequências prejudiciais e efetivamente assim julga: "Agir mal é estupidez"; isso enquanto ela sem mais nem menos considera "bom" algo em que "útil e nobre" são vistos como conceitos idênticos. Ante todo utilitarismo da moral convém de antemão discernir essa mesma origem, seguindo o próprio faro: raramente a pista se perde. – Platão tudo fez para a íntima interpretação de algo sutil e nobre no teorema do seu professor e, antes de tudo, nele próprio – ele, o mais ousado de todos os intérpretes a considerar Sócrates apenas um tema e canção popular de rua, para assim perder-se no infinito e no impossível: a saber por meio de todas as suas máscaras e natureza multifacetada. Para falar gracejando e, ademais, de modo homérico: o que é afinal o Sócrates platônico senão

*πϱόσθε Πλάτωνὄπιθέν τε Πλάτων μέσσυ τε Χίμαιϱα.***

---

*Amor como paixão. (*N. do E.*)

**Platão na frente, Platão atrás, Quimera no meio. (*N do T.*)

191.

O velho problema teológico da "crença" e do "saber" – ou, mais claramente, do instinto e da razão – portanto no questionamento se, com respeito à avaliação das coisas, o instinto merece mais autoridade do que a racionalidade, que quer ser avaliada e tratada de acordo com motivos e de acordo com um "por quê?" em vez de conforme a conveniência e utilidade –, sempre permanece aquele velho problema moral, como primeiro se manifestaria na pessoa de Sócrates e, muito antes do cristianismo, já dividira o espírito. O próprio Sócrates, agraciado pelo seu talento – o de um dialético superior –, se colocara a princípio ao lado da razão; e na verdade o que ele faz ao longo de toda a sua vida senão rir da canhestra incapacidade dos seus nobres atenienses, homens do instinto, iguais a todos os homens nobres e que assim nunca podiam explicar bem os motivos do seu agir? No fim, entretanto, silenciosa e secretamente ele também riu de si mesmo: descobrira em si, com sua afiada consciência e autoescrutíncio, a mesma dificuldade e incapacidade. "Para que afinal", persuadiu-se ele, "se libertar dos instintos por isso?! Deve-se dar razão a eles e *também* à razão – deve-se seguir os instintos, mas também persuadir a razão a ajudá-los com motivos bons." Esta foi a efetiva falsidade daquele grande e misteriosíssimo irônico; ele induziria sua consciência a se contentar com uma espécie de autoengodo. No fundo, ele discernira o irracional nos julgamentos morais. – Platão, mais inocente em tais coisas e desprovido da malícia plebeia, queria com os dispêndios de todas as forças – a maior já dispendida por um filósofo! – provar para si mesmo que razão e instinto por si mesmos buscavam um objetivo, buscavam o bem, buscavam "Deus"; e desde Platão todos os teólogos e filósofos encontram-se no mesmo rumo, isto é, nas coisas da moral prevaleceu até agora o instinto ou, como dizem os cristãos, "a fé" ou, como eu digo, "o rebanho". Deve-se excetuar Descartes, o pai do racionalismo (e consequentemente o avô da Revolução), o qual apenas à razão reconhecia autoridade: porém a razão é só uma ferramenta, e Descartes era superficial.

192.

Quem é dedicado à história de determinada ciência encontra no seu desenvolvimento uma linha guia para a compreensão do processo mais antigo e comum de todo o "saber e conhecer": tanto lá quanto aqui desenvolveram-se em primeiro lugar as hipóteses precipitadas, as ficções, o bom e estúpido desejo pela "crença", bem como a falta de desconfiança. – Só tardiamente nossos sentidos aprendem, e nunca de modo completo, a atuar como sutis, fiéis e cautelosos órgãos do conhecimento. Aos nossos olhos parece mais cômodo reproduzir outra vez uma imagem já frequentemente gerada do que reter a impressão causada pelo divergente e pelo novo: os últimos demandam mais força, mais "moralidade". Ouvir algo novo se mostra embaraçoso e difícil para o ouvido; ouvimos músicas desconhecidas com dificuldade. De modo involuntário tentamos, ao ouvir uma outra língua, formar palavras com os fonemas ouvidos, as quais assim possam nos soar mais familiares e domésticas: assim procedeu, por exemplo, o alemão, quando criou a palavra *Armbrust** a partir do vocábulo *arcubalista***. Também aos nossos sentidos o novo parece hostil e aversivo; em geral isso também *prevalece* até nos processos "mais simples" dos afetos da sensualidade, como no ódio e no amor, incluindo os afetos passivos da preguiça. Tampouco hoje um leitor apreende cada palavra como unidade (ou mesmo cada sílaba) dentro da totalidade da página – ele, ao contrário, apreende ao acaso aproximadamente cinco dentre vinte palavras e então "adivinha", através destas, o

---

*Balestra, besta. (*N. do T.*)

**O que usa um arcabuz. (*N. do T.*)

suposto sentido do contexto – da mesma forma como tampouco vemos uma árvore de forma exata e completa no que diz respeito a folhas, galhos, cores e formas; nos parece muitíssimo mais fácil fantasiar um esboço de árvore. Mesmo em meio a vivências singulares, ainda agimos precisamente assim: fantasiamos a maior parte da experiência e dificilmente somos capazes de *não* nos reconhecermos como "inventores" de algum processo. Tudo isso evidencia que, no fundo e desde sempre, estamos *habituados a mentir*. Ou para exprimir de forma mais virtuosa, hipócrita e, em suma, mais agradável: somos muito mais artistas do que supomos. Numa animada conversa frequentemente vejo a expressão no rosto da pessoa com quem falo refletir os pensamentos por ela expressos, ou os que julgo haver incitado nela, de maneira tão clara e pormenorizada que esse grau de clareza transcende em muito o poder de acuidade da minha visão: – a sutileza do jogo de músculos faciais e a expressão dos olhos *devem* ter sido produto da minha imaginação. Provavelmente a pessoa exprimiu coisa bem diferente, ou coisa alguma.

193.

Quidquid luce fuit, tenebris agit:* mas ocorre também o contrário. Aquilo que vivenciamos no sonho, supondo que o tenhamos vivenciado com frequência, acaba se incorporando perfeitamente ao fluir total da nossa alma, como algo "realmente" vivenciado, daí tornamo-nos mais ricos ou pobres, sentimos uma necessidade em medida maior ou menor e afinal, em plena luz do dia e mesmo nos mais alegres dos momentos do nosso espírito desperto, somos em certa medida apadrinhados pelos hábitos dos nossos sonhos. Supondo que alguém tenha voado com frequência em sonhos e afinal, tão logo sonhe, se conscientize de um poder e arte do voo como sua prerrogativa e também

*O que aconteceu na luz atua nas trevas. (*N. do T.*)

como sua felicidade peculiar e invejável: aquele que acredita poder executar essa forma de tensionar e dobrar seu arco através dos impulsos mais suaves, conhece o sentimento de uma certa frivolidade divina, de um "para cima!" sem tensão e coerção, e de um "para baixo" sem condescendência e humilhação – *Sem peso!*" Como, após tais experiências e hábitos oníricos, essa pessoa *não* daria outro matiz e definição à palavra "felicidade" também no seu dia claro?! – Como não ansiaria de maneira *diferente* por felicidade, por "elevação" e, tal como isto é descrito pelos poetas, tudo que o impeça daquele "voar" já lhe parecerá terreno, muscular, violento e "pesado" demais.

194.

A diferença entre as pessoas se evidencia não apenas pela diferença entre suas tabelas de posses, ou seja, que há diversidade no que elas consideram lucrativo e que também discordam quanto a maior ou menor valia de um bem, assim como quanto à hierarquia dos valores reconhecidos em comum: essa diferença se evidencia ainda mais naquilo que para elas conta como verdadeiramente *ter* e *possuir* um bem. Em relação a uma mulher, por exemplo, o direito ao desfrute do seu corpo e do prazer sexual parece, para o homem mais modesto, indício suficiente e satisfatório de posse e domínio; para outro – com uma sede de posse mais desconfiada e exigente – vislumbra o "ponto de interrogação", o caráter apenas aparente de tal dominação, e então quer provas mais sutis, antes de tudo para saber se a mulher não apenas se entrega a ele, mas também cede para ele aquilo que ela tem ou gostaria de ter, pois só *assim* ela lhe parecerá "possuída". Contudo, um terceiro não teria sua desconfiança e desejo de posse sossegados e perguntaria a si mesmo se a mulher, quando cede tudo para ele não o faz para uma miragem dele, pois ele quer ser conhecido de modo profundo, ou mesmo abissal, para poder ser amado de fato; daí arrisca-se a ser decifrado. Apenas então ele sente a amada plenamente em sua posse: quando esta não se equivoca mais sobre ele, quando ela o ama tanto por seu demonismo e insaciabilidade oculta quanto por sua bondade, paciência e espiritualidade. – Aquele desejaria dominar um povo: e todas as artes mais elevadas dos Cagliostro e Catilina lhe parecem corretas para tal fim. Um outro, com ainda mais refinada sede de domínio, assim refletiria "não convém mentir onde se deseja dominar". – Ele se torna irritado e impaciente com a suposição de que oferece uma máscara de si mesmo ao coração do povo: "Eu devo *permitir* que me conheçam como de fato sou e, antes de tudo, conhecer a mim mesmo!" Entre pessoas solidárias e prestativas se observa com recorrência a desajeitada malícia a justificar aquele que deve ser ajudado como se "merecesse" ajuda, ou exigisse de fato ajuda e se mostrasse profundamente grato, dependente e submisso ante toda ajuda – por meio de tais suposições eles dispõem dos necessitados da mesma forma como de uma propriedade, pois afinal são pessoas solidárias e prestativas justamente por um anseio por propriedade. Percebe-se seu zelo ciumento ao prestar ajuda simultânea ou antecipada à deles. De modo inconsciente os pais fazem com os filhos algo parecido – chamam a isso de "educação" – mãe alguma duvida, no fundo de seu coração, que seus filhos nasceram como propriedade sua; pai algum duvida do seu *direito* de submetê-los a seus conceitos e avaliações de valores. Sim, outrora parecia natural aos pais decidir sobre vida ou morte dos recém-nascidos (como entre os antigos alemães) conforme o seu arbítrio. E assim como o pai, também agora o professor, o chefe, o sacerdote, o príncipe veem em cada nova pessoa uma inquestionável oportunidade para uma nova posse. Daí resulta que...

195.

Os judeus – um povo "nascido para a escravidão" conforme afirma Tácito e todo o mundo antigo, ou "o povo escolhido entre as nações" como eles próprios afirmam e creem – realizaram aquele prodígio de inversão dos valores graças ao qual a vida na Terra recebeu novo e perigoso encanto por um par de milênios. Seus profetas conseguiram fundir numa só unidade os conceitos de "rico", "ateu", "mau", "violento" e "sensual" bem como, pela primeira vez, cunhar a palavra "mundo" num matiz pejorativo. A importância do povo judeu consiste nessa inversão de valores (onde se usa a palavra "pobre" como sinônimo de "santo" e "amigo"): com os judeus se inicia *a revolta de escravos no plano da moral.*

196.

Existem *presumivelmente* incontáveis corpos escuros próximos ao sol – que nunca veremos. Cá entre nós, isto é uma parábola; e um psicólogo da moral lerá o mapa estelar como linguagem de parábolas e sinais, onde convém o silêncio sobre muitas coisas.

197.

O predador animal e humano é, em essência, malcompreendido (César Bórgia, por exemplo), compreende-se mal a "natureza" enquanto ainda se procurar por uma "patologia" no cerne dessas mais saudáveis de todas as bestas e plantas tropicais, ou mesmo por um "inferno" a elas inerente: como até agora fizeram quase todos os moralistas. Não parece haver entre os moralistas um ódio contra a selva e contra os trópicos? E que o "homem tropical" deva ser desacreditado a qualquer preço, seja como doença e degeneração do gênero humano, seja como seu próprio inferno e automartírio? Mas para quê? Em prol das "zonas temperadas"? Em prol dos homens temperados? Dos "moralistas"? Dos medíocres? – Isto serviria para o capítulo "Moral como pusilanimidade". –

198.

Todas essas morais voltadas ao indivíduo com o aparente objetivo de promover sua "felicidade" – o que são elas senão normas de comportamento em relação ao grau de *periculosidade* com que o indivíduo convive consigo mesmo; receitas contra suas paixões e inclinações, boas e más porque possuem vontade de poder e desejar dominar; espertezas e artimanhas de diferentes graus cheirando a remédios caseiros e sabedoria da carochinha?; tudo isso de forma barroca e insensata, porque as referidas morais recorrem a "tudo", porque generalizam onde não se deveria generalizar; tudo isso através do discurso incondicional, da atribuição de incondicionalidade a si mesmas, tudo isso temperado não apenas com uma pitada de sal mas, ao contrário, apenas suportável – e por vezes até tentador – quando contém temperos e o cheiro perigoso do "outro mundo". Todo esse proceder, intelectualmente avaliado, possui pouco valor e está longe de constituir "ciência" e, muito menos, "sabedoria" e sim, dizendo-o de novo pela terceira vez: esperteza, esperteza e esperteza; misturada com estupidez, estupidez e estupidez – seja ele agora representado por aquela indiferença e frieza estatuária com a qual os estoicos diagnosticaram e trataram a loucura ardente das paixões; ou também aquele não-mais-rir e não-mais-chorar de Espinoza, sua tão ingenuamente preconizada destruição das paixões por meio da análise e vivissecção; ou aquele rebaixamento das paixões a uma mediocridade inofensiva no qual devem ser aplacadas num aristotelismo da moral; ou mesmo moral como desfrute das paixões pela dispersão e espiritualização intencionais por meio do simbolismo da arte, talvez como música, ou como amor a Deus e aos homens pela vontade de Deus – pois na religião as emoções recuperam sua cidadania, supondo que...; por fim até essa devoção torna-se dócil e submissa aos afetos conforme ensinaram Hafiz e Goethe. Trata-se daquele ousado deixar cair os freios, daquela *licentia morum** psicofísica nos casos excepcionais de sábios excêntricos e beberrões velhos que não "representam mais muito perigo". Também dedico esta parte ao capítulo "Moral como pusilanimidade".

199.

Na medida em que em todos os tempos, desde que os homens existem, também existiram rebanhos de homens (ligas de estirpes, comunidades, tribos, povos, estados, igrejas) – ou seja, na proporção em que até agora a obediência foi exercida e cultivada da melhor e mais longa maneira nos seres humanos – pode-se muito bem supor que, de modo geral, qualquer um sente necessidade inata dela, como um *tipo formal de consciência* a ordenar: "Tu deves fazer alguma coisa incondicionalmente" ou "Tu deves te abster de alguma coisa incondicionalmente", em suma: "tu deves." Esta necessidade busca se saciar e preencher sua forma com um conteúdo; articula-se então – conforme sua força, impaciência e tensão – de modo descuidado com um grande apetite, aceitando tudo o que lhe chegue aos ouvidos vindo de qualquer um que posso mandar, sejam os pais, as leis, os preconceitos de classe ou a opinião pública. A singular estreiteza do desenvolvimento humano – o elemento de hesitação e enfado, o retroceder e esquiva frequentes dos mesmos – vem do fato de que o instinto gregário da obediência é melhor herdado a custo da arte de comandar. Se imaginarmos esse instinto indo até suas últimas extravagâncias, então não haverá mais líderes ou independentes; ou eles sofrerão no íntimo de má consciência e necessitarão se enganar, para então poderem mandar: como se apenas obedecessem. Essa postura é de fato constatada hoje na Europa e eu a chamo de hipocrisia moral dos mandatários. Eles não querem se defender da própria má consciência de outra forma senão se com-

*Licença moral. (*N. do T.*)

portando como executores de ordens mais antigas e elevadas (dos ancestrais, da constituição, do direito, das leis ou até de Deus) ou mesmo transformando a mentalidade gregária em máximas de rebanho, como, por exemplo, "primeiro criado do seu povo" ou "instrumento do bem comum". No extremo oposto, o homem do rebanho assume hoje na Europa a aparência de representar o único tipo de pessoa permitido, e glorifica seus atributos que o tornam manso, mais amigável e útil ao rebanho. Encarna assim as verdadeiras virtudes humanas: espírito público, benevolência, consideração, dedicação, temperança, modéstia, indulgência, compaixão. Porém, para aqueles casos em que se crê não poder dispensar o líder e guia; faz-se sucessivas tentativas de substituição do mandatário por uma aglomeração de homens de rebanho mais espertos; todas as constituições representativas são exemplos dessa origem. Que benefício, que alívio para uma pressão cada vez mais insuportável é, apesar de tudo, o surgimento de um líder incondicional para esses europeus animais de rebanho. O último grande testemunho desse fato viria do efeito causado pelo surgimento de Napoleão: – a história do efeito napoleônico é quase a história da felicidade superior a catalisar as pessoas e momentos mais preciosos de todo este século.

200.

O homem resultante de uma época de dissolução – quando as raças são misturadas desordenadamente – corporifica a herança de uma origem múltipla, ou seja, impulsos e medidas de valores antagônicos, e frequentemente não apenas antagônicos, que lutam entre si e raramente se concedem trégua. Tal homem das culturas tardias e das luzes esmaecidas será em geral mais fraco: seu anseio mais profundo consiste em algum dia dar um fim à guerra que ele *é*; a felicidade lhe parece mais nobre se em conformidade com medicina e mentalidade tranquilizadoras (a epicurista ou a cristã, por exemplo) e não como a felicidade do descanso, da privacidade, da saciedade, da unidade final como "*sabá dos sabás*", para falar com a retórica de Agostinho, ele próprio representante de tal gênero. Porém se essa oposição e guerra atuem como estímulo vital – e ademais como cócegas – numa tal natureza e, por outro lado, também sejam herdadas e cultivadas, em seus impulsos poderosos e inconciliáveis, como autodomínio e autoengano da verdadeira maestria e sutileza na condução de uma guerra consigo mesmo: então surgem aqueles inconcebíveis e impensáveis e sua mágica, aqueles homens-enigma predestinados à vitória e ao encantamento, cuja mais bela expressão são Alcibíades e César (aos quais eu bem gostaria de equiparar aquele primeiro europeu do meu gosto, o Frederico II Hohenstaufen) e, entre os artistas, talvez Leonardo da Vinci. Eles aparecem exatamente na mesma época em que aquele tipo mais fraco também emerge com seu anseio por sossego. Possuem coisas em comum e têm as mesmas causas.

201.

Enquanto a utilidade reinante nos julgamentos morais de valor for apenas a utilidade para os rebanhos, enquanto o olhar estiver unicamente voltado para a conservação da comunidade e a imoralidade for procurada exclusivamente naquilo que parece perigoso para a existência dessa comunidade: por igual duração não pode haver qualquer "moral de amor ao próximo". Supondo que nesta moralidade se encontre uma pequena prática constante de respeito, compaixão, justiça, bondade, reciprocidade na prestação de ajuda, supondo que também estejam ativos todos aqueles instintos designados com nomes honrosos e como "virtudes" e que afinal quase se plasmassem numa unidade com o conceito "moralidade": naquela época eles ainda não pertenceriam de modo algum ao reino das avaliações de valores da moral – ainda se situavam *fora* do âmbito da moral. Uma ação piedosa na melhor época de Roma não seria, por exemplo, vista como boa ou má ou tampouco como moral ou imoral e, caso fosse louvada, responderia a esse louvor ainda com o melhor dos menosprezos involuntários tão logo o associasse a uma ação a serviço do bem geral e da *res publica**. Em última instância o "amor ao próximo" é sempre algo secundário e, em parte, convencional e propositalmente aparente em relação ao *temor ao próximo*. Depois que a estrutura social parece estabelecida em seu todo e protegida de perigos externos, é esse temor ao próximo o fomentador de novas perspectivas na avaliação de valores. Certos impulsos fortes e perigosos – como o gosto por empreendimentos arriscados, a imprudência, a vingança, o ardil, a rapina, a sede por domínio – eram não apenas honrados (sob outros nomes, é claro), mas cultivados e nutridos (porque, dadas as ameaças à coletividade, eles eram constantemente necessários contra inimigos em comum). Agora que lhes faltam canais de vazão, esses impulsos serão vistos como duplamente perigosos e, aos poucos, estigmatizados como imorais e difamados. Então as inclinações e impulsos opostos recebem as honras morais; passo a passo o instinto dos rebanhos impõe suas premissas. A medida de periculosidade para o coletivo, bem como a de risco para a igualdade – expressa numa opinião, numa atitude e emoção, numa vontade, num talento – representa então a perspectiva moral: também aí o temor é novamente o pai da moral. Diante dos impulsos mais elevados e fortes – que, eclodindo em sua paixão, impulsionam o indivíduo muito além e acima da mediocridade e do rebaixamento da consciência de rebanho – a autoestima do coletivo sucumbe, sua crença em si, a bem dizer sua espinha dorsal se quebra: por decorrência, estigmatiza e calunia com empenho esses impulsos. A espiritualidade elevada e independente, o desejo de estar só, o grande discernimento são vistos como perigo; tudo o que erga o indivíduo acima do rebanho e infunda temor no próximo é, já na sua origem, encarado como algo *mau*; a mentalidade

---

*Coisa pública. (*N. do T.*)

justa, modesta, ajustada, igualitária, bem como a *mediocridade* das cobiças recebem nomes e honras morais. Por fim, sob condições muito pacíficas, falta cada vez mais ocasião e motivo para educar o sentimento para o rigor e a dureza; e então esse rigor começa a perturbar a consciência, mesmo no código de leis; uma nobreza e responsabilidade própria elevadas e duras chegam quase a ofender e despertar desconfiança, "o cordeiro" e, mais ainda, "a ovelha" recebem alerta. Há um ponto de debilitação e amolecimento patológicos na história das sociedades quando elas próprias tomam partido de seus malfeitores, os *criminosos*, e, a bem do fato, de modo sério e honrado. Punir? Isso lhes parece de algum modo injusto – por certo o conceito de "punição" e de "dever punir" lhes é doloroso e infunde medo. "Não bastaria torná-lo *inofensivo*? Para que ainda punir? Punir é terrível!" Com essas perguntas a moral do rebanho exime a moral da pulsilanimidade da sua última consequência. Supondo que se pudesse abolir completamente o perigo e o motivo para o medo, então se aboliria ao mesmo tempo essa moral: ela não mais seria necessária; ela própria não *se sentiria* mais necessária! – Quem examinar a consciência dos europeus contemporâneos perceberá, por miríade de desvios e ocultamentos morais, sempre o mesmo imperativo, o imperativo da fraqueza de rebanho: "Queremos que algum dia *não tenhamos o que temer*!" Algum dia – A vontade e o caminho que conduzem a ele são chamados hoje de "progresso" em toda a Europa.

202.

Digamos logo de novo o que já dissemos centenas de vezes, pois para tais verdades – para as *nossas* verdades – os ouvidos não são receptivos hoje. Sabemos bastante bem quão ofensivo soa caso alguém equipare o ser humano aos animais de forma nua e crua: porém quase nos é imputado como *culpa* o fato de que exatamente em relação aos homens das "ideias modernas" usemos as expressões "rebanho", "instinto de rebanho" e outras afins. De que adianta?! Não podemos agir de outra forma: pois bem aí está o nosso novo discernimento. Descobrimos que a Europa se tornou unânime em todos os julgamentos morais importantes, incluindo também ainda as nações onde reina a influência europeia. Evidentemente sabe-se na Europa o que Sócrates acreditava não saber, bem como o que aquela célebre serpente velha prometia ensinar: hoje "sabe-se" o que é o bem e o mal. Agora deve soar duro e chegar mal aos ouvidos quando insistimos nisso: o que aqui se crê saber, o que se glorifica com seu louvor e repreensão, chamando-se de bom, é o instinto de rebanho do homem, que veio à tona, ganhando e continuando a ganhar preponderância e predomínio sobre os demais instintos conforme a crescente aproximação e assemelhação psicológica das quais ele é o sintoma. *A moral é hoje na Europa a moral do animal de rebanho* – e, portanto, apenas como compreendemos as coisas, um tipo de moral humana junto, ante e após a qual muitas outras morais, antes de tudo as mais elevadas, são ou deveriam ser possíveis. Porém, contra uma tal "possibilidade", contra um tal "deveriam", essa moral se defende com todas as forças. Ela afirma de modo obstinado e implacável: "Eu sou a própria moral, e nada além de mim representa a moral!" Sim, com a ajuda de uma religião que serviu e adulou as cobiças mais sublimes dos animais de rebanho chegou-se ao ponto em que até nas instituições políticas e sociais encontramos uma expressão cada vez mais evidente dessa moral: o movimento *democrático* é a herança do cristianismo. Contudo por ser seu tempo ainda muito mais lento e sonolento para os mais impacientes, bem como para os doentes e viciados do mencionado instinto, disso resulta o uivo cada vez mais furioso, o rosnado sempre mais indisfarçável dos cães anarquistas a perambular pelos becos da cultura europeia, em aparente oposição aos pacíficos e diligentes democratas, aos ideólogos da revolução e ainda mais aos filosofastros patéticos e fraternidades de fanáticos que se dizem socialistas e querem a "sociedade livre", mas na verdade unidos a todos eles na profunda e instintiva hostilidade contra qualquer outra forma de sociedade que não a do rebanho *autônomo* (chegando à rejeição dos próprios conceitos de "senhor" e "escravo" do *ni dieu ni maître* de uma fórmula socialista); unidos na tenaz resistência contra toda pretensão especial, contra *todo* direito e privilégio especiais (em última instância isso significa contra *qualquer* direito: pois, se todos são iguais, ninguém mais precisa de "direitos"); unidos na desconfiança ante a justiça punitiva (como se ela fosse uma violação dos mais fracos, uma injustiça na progressão *necessária* de toda sociedade mais antiga); porém igualmente unidos na religião da compaixão, e em empatia, desde que compartilhados sentimentos, vida e sofrimento (seja descendo até o animal, seja ascendendo até "Deus" – o excesso de uma "compaixão a Deus" constitui marca de uma época democrática); unidos, todos, no brado e impaciência da compaixão, no ódio mortal contra o sofrimento em geral, na incapacidade quase feminina de permanecer como espectador e *poder* aceitar o sofrer; unidos no obscurecimento e mimo inconscientes sob cujo curso a Europa parece ameaçada por um novo budismo: unidos na crença na moral da compaixão *partilhada*, como se ela fosse a moral em si, a elevação *alcançável* pelos homens, a única esperança de futuro, a consolação da contemporaneidade, a grande remissão de toda culpa do outrora: unidos, todos, na crença no papel *redentor* da sociedade: dos rebanhos e deles mesmos...

203.

Nós, que pertencemos a uma outra crença –, nós, para quem o movimento democrático representa não apenas uma forma de declínio da organização política, mas também uma forma de decadência e apequenamento do ser humano levado à mediocridade e ao rebaixamento de valores: para onde *devemos* apontar nossas esperanças? – Para os *novos filósofos*, pois não há outra escolha; os espíritos fortes e originais o bastante para fomentar estímulos às avaliações de valor opostas, invertendo e revertendo "valores eternos"; para seus anunciadores, para homens do futuro que amarram com laço e nó o presente e impõem *novos* rumos à vontade milenar. Ensinar ao ser humano o seu futuro como fruto de sua *vontade* – como algo independente de determinada vontade humana – e fomentar assim grandes façanhas e tentativas conjuntas para então pôr um fim àquele horrível domínio do absurdo e do acaso até agora chamado "história", cujo absurdo do "maior número" é apenas sua última forma. Para esse fim em dado momento será necessário um novo tipo de filósofos e de mandatários por cuja aparição tudo o que possa ter existido na Terra referente a espíritos ocultos, terríveis ou benevolentes quisesse, pálida e apequenadamente, se excetuar. E posso dizer em voz alta a vocês, espíritos livres, que a imagem de tais líderes já paira sobre *nossos* olhos? As circunstâncias que em parte se deveria criar e, em parte, aproveitar para sua formação; os caminhos e provas presumíveis em virtude dos quais uma alma atingisse uma tal altura e poder para sentir a *obrigação* dessas missões; uma nova inversão dos valores sob cuja pressão e martelo se forjasse em aço uma consciência e em bronze um coração para suportar o peso dessa responsabilidade; por outro lado a necessidade de tais líderes, o perigo terrível que eles poderiam desconsiderar ou gerir mal e agravar... Estas são *nossas* verdadeiras preocupações e reflexões sombrias. Vós, espíritos livres, sabeis disso? Este é o rumo das tempestades e pensamentos, pesados e distantes, sobre o céu das nossas vidas. Existem poucas dores tão intensas quanto, em dado momento, ver, intuir e lamentar como uma pessoa extraordinária fracassa e degenera: quem todavia possui o olho raro para o perigo coletivo *degenerador* do próprio "homem", quem, como nós, reconheceu a monstruosa aleatoriedade que até agora jogou com o destino dos seres humanos – um jogo sem participação alguma de uma mão e nem sequer de um "dedo de Deus!" –, quem adivinha a fatalidade oculta na inocência tola e na convicção na bem-aventurança das "ideias modernas" e, ainda mais, em toda a moral cristã europeia: este sente uma ansiedade sem paralelo; abrange com um olhar tudo o que ainda se *poderia cultivar a partir do homem* por meio de uma acumulação e elevação de forças e de missões. Sabe com todo o saber da sua consciência como o homem ainda possui reservas para as grandes possibilidades bem como com que frequência o ser humano já aceitou decisões misteriosas e novos caminhos. Sabe ainda melhor, por sua recordação mais dolorosa, por que tipo de coisas deploráveis um embrião do mais alto grau até agora foi destruído, abortado, rebaixado de modo deplorável. A *degeneração coletiva do gênero humano*, decaída até o que hoje se apresenta como tolice e rasura socialistas na forma de "homem do futuro" – e como seu ideal! –, essa espécie de degeneração e apequenamento do homem rumo ao perfeito animal de rebanho (ou, como afirmam eles, para o homem da "sociedade livre"), essa animalização do homem, rumo ao animalzinho dos direitos e pretensões iguais, é *possível*, não há qualquer dúvida! E quem alguma vez refletiu a fundo sobre essa possibilidade conhece um asco a mais que as outras pessoas – E talvez também uma nova *missão*!...

6
Nós, os eruditos

204.

Correndo o perigo de que o moralizar, também aqui, se apresente como aquilo que sempre foi – ou seja, como um destemido *montrer ses plaies*,* como diria Balzac –, ousarei

---

*Mostrar suas feridas. (*N. do T.*)

confrontar uma mudança de grau indevida e prejudicial que hoje, de modo tão desapercebido quanto bem-intencionado, ameaça vicejar entre ciência e filosofia. Acho que se deve, a partir da *experiência* própria – e não representa essa experiência, ao que me parece, algo sempre ruim? – reservar um direito de também opinar sobre tal questão mais elevada de grau: para não falar sobre as cores como os cegos, ou *contra* a ciência como as mulheres e os artistas ("Ah, essa ciência má!", suspira o instinto e a vergonha deles, "ela sempre *descobre*!" –). A declaração de independência das pessoas científicas, sua emancipação da filosofia, representa um dos efeitos colaterais mais sutis da essência (e demência) democrática: em toda parte a autoglorificação e autossuficiência do erudito se acha hoje em pleno florescimento e na sua melhor primavera – entretanto ainda não deve ser dito que, nesse caso, o autolouvor cheire bem. "Abaixo todos os senhores!", assim grita também aqui o instinto plebeu; e após a ciência haver se defendido com o mais venturoso êxito ante teologia, da qual fora "serva" por tanto tempo, ela se mostra agora cheia de petulância e ignorância no sentido de criar leis a partir da filosofia e, atrevo-me a dizer, alcançar o papel dos "senhores", ou seja, dos *filósofos*. Minha memória – a memória de um homem da ciência, se me permitem – vomita ante as ingenuidades do orgulho que ouvi da parte de jovens naturalistas e de médicos velhos sobre a filosofia e os filósofos (para não falar dos mais estudados e pretensiosos de todos os eruditos por profissão, os filólogos e pedagogos). Ora era o especialista e o inapto a se opor de modo instintivo e generalizado a todas as tarefas e habilidades sintéticas; ora o trabalhador dedicado que recebera um perfume de *otium** e de exuberância nobre pela convivência anímica com o filósofo e com isso se sentira prejudicado e apequenado. Ora era aquele daltonismo próprio do utilitarista, que na filosofia

*Ócio. (*N. do T.*)

nada mais vê senão uma série de sistemas *refutados* e um luxo supérfluo que a ninguém "faz bem". Ora sobressaía o medo ante o misticismo encoberto e a justificação de limites do conhecimento; ora o desprezo a determinados filósofos generalizado involuntariamente em desprezo à filosofia. Por fim e com mais frequência, percebo nos jovens eruditos que, por trás do altivo menosprezo à filosofia, existe o efeito ruim causado justamente por um filósofo a quem de fato se negara qualquer obediência, sem todavia se eximir a outros filósofos da linha de suas reprováveis avaliações de valores. Resultado: um desgosto generalizado contra a filosofia. (Este me parece, por exemplo, o efeito de Schopenhauer sobre a mais nova Alemanha: com a desinteligência da sua ira contra Hegel, ele induziria toda a última geração de alemães a romper relações com a cultura alemã, cultura esta que, considerado o contexto geral, fora uma elevação e também uma sutileza divinatória do *sentido histórico*, contudo, exatamente nesse ponto Schopenhauer foi pobre, empedernido e antialemão até a genialidade.) No geral e *grosso modo*, deve mesmo ter sido o elemento humano, demasiado humano ou, em suma, a miséria dos filósofos modernos o que causou de modo mais profundo a perda de respeito pela filosofia, bem como a abertura das portas aos instintos plebeus. Admita-se até que grau toda a estirpe de Heráclito, Platão, Empédocles – ou como todos esses eremitas do espírito plenos de realeza e magnificência fossem chamados – diverge do nosso mundo moderno; e, com tão boas razões, um valoroso homem da ciência se *sentiria* de melhor tipo e origem se comparado aos representantes da filosofia que hoje, graças à moda, se fala tanto neles quanto se ignora. Na Alemanha, por exemplo, são representados pelos dois leões de Berlim, o anarquista Eugen Dühring e o amalgamista Eduard von Hartmann. É em especial o aspecto daqueles filósofos-miscelânea, que se dizem "filósofos de realidade" ou "positivistas", o elemento capaz de causar uma perigosa desconfiança na alma de um jovem e ambicioso erudito, pois no melhor dos casos, eles próprios são evidentemente eruditos e especialistas! – São todos produtos da *recaptura*, vencidos e então postos sob a tutela da ciência, os quais alguma vez desejaram mais de si sem, contudo, ter um direito a esse "mais" e à responsabilidade a ele inerente. – E agora representam honesta, irada e vingativamente a *descrença* na missão dos senhores e na magnificência da filosofia, com palavra e ação. Mas como poderia, afinal, ser diferente? Hoje a ciência floresce e ostenta no rosto a boa consciência ao se apresentar como contraponto daquilo que faz toda a nova filosofia se rebaixar gradualmente. Esse resto de filosofia atual digno de desconfiança, de descontentamento quando não de ironia e piedade. A filosofia se vê portanto reduzida a "teoria do conhecimento" e efetivamente a nada mais do que uma tímida epochística* e doutrina da abstinência: uma filosofia que de modo algum vai além dos umbrais e se *nega* penosamente ao direito de por eles passar – uma filosofia nos últimos estertores de um fim, de uma agonia, algo que dá pena. Como poderia uma tal filosofia *prevalecer*?!

205.

Na verdade, os perigos para o desenvolvimento de um filósofo são hoje tantos que se poderia duvidar se esta fruta poderá mesmo amadurecer. A dimensão e a altura da torre de retransmissão das ciências cresceram monstruosamente, e com isso também a possibilidade de que o filósofo se canse antes de terminar sua educação ou se deixe deter e "especializar" em algum âmbito: assim ele certamente não mais alcança sua altura, isto é, a prerrogativa do olhar além, abrangente e profundo. Ou só alcança essa altura tarde demais, quando sua

*Expressão criada por Nietzsche a partir da palavra grega *époché*, que, por sua vez, significa detenção, dúvida, suspensão. (*N. do T.*)

melhor época e força começam a desvanecer; ou já foram danificadas, enrudecidas, degeneradas, de maneira que seu olhar e todo o seu julgamento de valor pouco significam. Justamente a sutileza da sua consciência intelectual o leva talvez a hesitar e se atrasar pelo caminho; ele receia a tentação de tornar-se um diletante, centopeia de mil tentáculos. Sabe muito bem: quem perdeu o respeito por si mesmo também não mais comanda ou *lidera*, pois então desejará se tornar um grande espectador, um Cagliostro e flautista encantador do espírito e, enfim, um sedutor.* Isto, em última instância, é uma questão de gosto: caso não fosse até uma questão de consciência. Ademais, para dobrar outra vez a dificuldade do filósofo quanto a ele exigir de si um julgamento, um Sim ou Não sobre as ciências, mas sobre a vida e o valor da vida – ocorre também que ele aceita com relutância ter um direito ou mesmo um dever de fazer esses julgamentos e de procurar seu caminho para aqueles direitos apenas a partir das vivências mais amplas, e talvez das mais perturbadoras e destruidoras. E com frequência hesitando, duvidando, emudecendo. A bem do fato por muito tempo a multidão se confundiu e equivocou-se com os filósofos, fosse entre pessoas científicas e eruditos ideais, fosse entre fanáticos e ébrios de Deus religiosamente sublimes, dessensualizados e "desmundanizados"; e mesmo hoje, quando se ouve alguém fazer um elogio de que outrem viva como um "sábio" ou como um "filósofo", em geral significa que vive prudentemente e apartado. A sabedoria parece ao povo um tipo de fuga, um meio e ardil para se evadir com bons modos de um jogo mau; mas... E o verdadeiro filósofo? – Como ele *nos* parece, meus amigos? – Ele vive de modo "antifilosófico" e "antissábio",

*Referências a Alessandro Cagliostro, ocultista italiano do século XVIII, e à lenda medieval do flautista de Hamelin, que encantava ratos com sua música. (*N. do T.*)

mas, antes de tudo, de modo pouco prudente. E sente a carga e o dever das centenas de tentativas e tentações da vida: ele *se* arrisca sempre; ele joga *o* jogo ruim...

206.

Comparado ao gênio, isto é, a um ser que *fecunda* ou *dá à luz* – tomando-se ambos conceitos em sua dimensão elevada –, o erudito, o homem mediano científico tem sempre algo da velha solteirona, pois, tal como esta, não entende as duas funções mais preciosas do ser humano. E, como uma espécie de compensação a ambos, erudito e solteirona, se reconhece respeitabilidade – ressalte-se a respeitabilidade –, mesmo que a obrigatoriedade dessa admissão nos aborreça. Vamos examinar a questão de modo mais exato: o que é o homem da ciência? A princípio, alguém desprovido de nobreza, com as virtudes inerentes ao tipo: este tipo de homem não é dominante, autoritário ou suficiente: ele tem dedicação, ordenamento paciente na ordem prescrita, uniformidade e proporção no poder e no dever, ele tem o instinto de proteção do seu igual e sabe quais as necessidades deles – por exemplo, aquela faixa de independência e de pasto verde sem os quais não há qualquer sossego para o trabalho, aquela pretensão à honra e reconhecimento (que pressupõe primeira e principalmente que reconheçam seus méritos e se faça reconhecível), aquele brilho do bom nome, aquela contínua superação dos seus valores e da sua utilidade a qual a *desconfiança* íntima, o motivo no coração de todo homem dependente e animal de rebanho sempre têm de superar. Evidentemente o erudito também tem as patologias e maus hábitos de um tipo sem nobreza, é rico em pequenas invejas e possui olho de lince para a baixeza daquelas naturezas a cujas alturas ele não pode ascender. Ele é confiável, todavia apenas como alguém que se deixar levar, mas não fluir; e precisamente ante pessoas do grande fluir ele se torna de modo inverso mais frio e fechado. Seu olhar parece então um lago na calmaria da contrariedade, onde não mais há o encrespar de qualquer encanto, de qualquer compaixão. A pior e mais perigosa atitude inerente a um erudito provém do instinto de mediocridade do seu tipo: daquele jesuitismo da mediocridade a trabalhar instintivamente para o extermínio do homem extraordinário e para tentar quebrar ou – melhor ainda – afrouxar todo arco retesado. Mas afrouxá-lo com respeito, com mão piedosa naturalmente, – *afrouxar* com compaixão confiável: esta é a verdadeira arte do jesuitismo, sempre a compreender como se introduzir como a religião da compaixão. –

207.

Por mais que sejamos sempre gratos ao espírito *objetivo* – e quem alguma vez não ficaria mortalmente farto de todo o subjetivismo e de sua maldita "*ipsismosidade*"*! – devemos enfim nos acautelar também ante essa gratidão e pôr um fim ao exagero com o qual há pouco foi festejada a renúncia ao eu e à despersonalização do espírito como objetivo em si: conforme costuma acontecer, nomeadamente, dentro da escola dos pessimistas também possuidora de bons motivos para, de sua parte, conceder honras supremas ao "conhecimento desinteressado". O homem objetivo, como o pessimista, não mais amaldiçoa e insulta. Trata-se do erudito *ideal* do instinto científico que, após as mil caras do fracasso total ou parcial, vem para o florescer e desabrochar. Ele por certo é um dos mais preciosos instrumentos que existe: contudo se encontra nas mãos de alguém mais poderoso. É apenas um instrumento ou, digamos, um *espelho* e, portanto, nenhuma finalidade em si mesma. O homem objetivo é de fato um espelho: alguém habituado à

*Referência a *ipse*, "o mesmo" em latim. Uma tradução aproximada seria "mesmicidade". (*N. do E.*)

submissão e sem outro prazer do que propiciar o reconhecer, o "refletir". Espera até surgir algo a que então se dedique ternamente de maneira que mesmo as pegadas leves e o deslizar de uma criatura sobrenatural não esvaneçam sobre a superfície da sua pele. O que ainda lhe resta de "pessoal" parece-lhe algo casual, frequentemente arbitrário e, mais frequentemente ainda, perturbador, tamanha a medida em que ele próprio se tornou um meio para a passagem e o reflexo de figuras e acontecimentos singulares. Só com esforço ele se relembra de si, e não raro de modo equivocado; confunde-se facilmente, equivoca-se em relação às próprias necessidades, e só neste aspecto se revela tosco e negligente. Talvez a saúde lhe atormente, ou a mesquinhez e a atmosfera limitada de mulheres e amigos, ou a falta de companheiros e da sociedade. Sim, ele se obriga à reflexão sobre o seu tormento: em vão! Logo seu pensamento escapa para a divagação, para casos *mais gerais* e, dia seguinte, ele não sabe se socorrer. Ele perdeu a seriedade para consigo, e também o tempo. É alegre *não* por falta e necessidade, mas por falta de dedos para alcançar *sua* necessidade. A concessão habitual a qualquer coisa e acontecimento, a hospitalidade radiosa e espontânea submissa a tudo que vem de encontro a ele, seu tipo de benevolência imprudente, de despreocupação perigosa pelo Sim e pelo Não: Oh, há tantos casos em que ele tem de expiar por estas suas virtudes! E, sendo humano, facilmente ele se torna o *caput mortuum** dessas virtudes. Caso se espere amor e ódio de sua parte – refiro-me a amar e odiar tal como um deus, uma mulher e um animal compreendem tais termos – ele fará e dará então o que pode. Porém, não deve causar surpresa caso isto não seja muito; caso precisamente aí ele se mostre relapso, frágil, questionável e corrompido. Seu amor é por conveniência; seu ódio artificial e mais *un tour de force*,** uma

*Cabeça morta. (*N. do T.*)

**Grande esforço. (*N. do T.*)

pequena vaidade e um exagero. Ele só é fidedigno enquanto puder ser objetivo: apenas na sua totalidade serena ele ainda é "natureza" e "natural". Sua alma de espelho, eternamente a se aplainar, não sabe mais afirmar e tampouco negar; ele não comanda; ele também não destrói. *"Je ne méprise presque rien"** afirma ele em unissonância com Leibniz. E não se desconsidere e menospreze esse *presque*! Ele também não é uma referência; a ninguém precede e, tampouco, segue; em geral se posta a grande distância, como se tivesse motivo para tomar partido entre o bem e o mal. Quando por muito tempo o confundem com o *filósofo* – e também com o disciplinador cesáreo e com o homem poderoso da cultura – então lhe concedem muitas altas honrarias, deixando de perceber sua faceta mais essencial: ele é um instrumento, uma espécie de escravo, embora certamente o mais sublime tipo de escravo; é um nada... Um *presque rien*! O homem objetivo é um instrumento, um instrumento de medição, bem como uma preciosa obra de arte da espelharia, facilmente vulnerável e obscurecida a se poupar e honrar; contudo não representa qualquer objetivo, qualquer desfecho e ascensão, qualquer homem mais complementar no qual *toda* a existência se justifique, qualquer conclusão e, menos ainda, um início, uma fecundação e causa primeira. Logo não representa algo vigorosamente rude, poderoso, fundamentado em si mesmo no seu desejo de se tornar senhor. É, ao contrário, apenas um recipiente de vidro moldado delicadamente pelo sopro e manejo cuidadoso. Tem de esperar primeiro que alguém lhe dê conteúdo e teor para então "se formar" – Em geral como alguém sem teor e conteúdo, como um homem sem "essência" e, por decorrência, também um nada para as mulheres, dizendo-o *entre parênteses*.

---

*"Eu não desprezo quase nada". Nas linhas a seguir, *presque* significa "quase" e *presque rien*, "quase nada". (*N. do T.*)

208.

Caso hoje um filósofo demonstre não ser um cético – e espero que seja entendido a partir da descrição do espírito objetivo feita anteriormente –, todos veem isso com maus olhos; a partir daí encaram-no com certa timidez, pois poderiam perguntar sobre tanta coisa... Sim, entre bisbilhoteiros medrosos, tão numerosos agora, ele pareceria perigoso a partir de então. Para eles, é como se ouvissem, na sua rejeição à dúvida, algum ruído mau e ameaçador vindo de longe; como se em algum lugar fosse testado um novo tipo de explosivo, uma dinamite do espírito, talvez uma recém-descoberta niilina* russa, um pessimismo de *bonae voluntatis*** que, além de *proferir* o Não e *desejar* o Não, *pratica* – e é terrível imaginá-lo! – esse Não. Contra esse tipo de "boa vontade", uma vontade para a real e efetiva negação da vida, não há hoje melhor tranquilizante ou relaxante do que a dúvida, a suave e graciosamente arrulhante papoula da dúvida; e nos tempos de hoje até Hamlet seria prescrito pelos médicos como medicamento contra o "espírito" e seus rumores de subsolo. "Já não se tem todos os ouvidos cheios de ruídos maus?", indaga o cético, como bom amigo da serenidade e quase numa postura de policial: "Esse Não subterrâneo é terrível! Calem-se, toupeiras pessimistas!" O cético, essa criatura reconhecidamente frágil, se aterroriza muito fácil; sua consciência pesa, como se sentisse uma mordida a cada Não contorcido num decidido e duro Sim. O Sim e o Não vão contra sua moral; em contrapartida ele ama festejar sua virtude com nobre abstenção, quando ele fala tal como Montaigne: "O que sei eu?" Ou tal como Sócrates: "Só sei que nada sei." Ou: "Aqui não confio mais em mim; aqui nenhuma porta

*Neologismo a partir de "niilismo". (*N. do E.*)
**Boa vontade. (*N. do T.*)

está aberta para mim." Ou: "Supondo estar aberta, por que entrar logo?" Ou: "Para que servem as hipóteses afobadas? Não formular hipótese alguma bem poderia ser algo de bom gosto. Vocês precisam mesmo endireitar o que é sinuoso? Tapar inteiramente qualquer buraco com qualquer estopa? Isso não pode esperar? Não há o tempo para o tempo? Ó endiabrados, vocês não têm *tempo*? Também o incerto possui seus encantos; até a esfinge é uma Circe; Circe – também foi filósofa." Assim se consola um cético; e é pura verdade que ele necessita de algum consolo. Trata-se da dúvida como expressão mental de certa condição fisiológica com múltiplos sintomas que, em linguagem comum, é chamada de neurastenia e de estado doentio; surge toda vez em que cruzam, de modo decisivo e repentino, com ou castas há muito distanciadas. No gênero novo que, de certo modo, traz no seu sangue a herança de parâmetros e valores diferentes, tudo é inquietação, perturbação, dúvida, tentação; já as melhores forças atuam de inibidor, as próprias virtudes não se deixam crescer e fortalecer, corpo e alma carecem de equilíbrio, peso, segurança perpendicular. Porém, o que adoence e degenera mais profundamente tais mestiços é a *vontade*: eles desconhecem por completo o ato independente na decisão bem como o valente gozo no querer; duvidam do "livre-arbítrio" até em seus sonhos. Nossa Europa contemporânea – palco de disparatada e súbita tentativa de mistura radical de classes e, *consequentemente*, de raças – é assim cética na totalidade da altura e da profundidade, ora com aquele ceticismo ágil a saltar impaciente e ávido de um galho para outro, ora sombria como uma nuvem carregada de pontos de interrogação. E com frequência até mortalmente farta da própria vontade! A paralisia da vontade: onde não se achar hoje essa aleijada refestelada?! E frequentemente até purificada! Tão sedutora e externamente purificada! Existem belas vestes de pompa e engodo para essa doença; e, por exemplo, para o fato de que a maior parte daquilo que hoje se apresenta nas vitrines – como "objetividade", "cientificidade", "*l'art pour l'art*",* "conhecimento puro, livre da vontade" – seja apenas ceticismo e paralisia da vontade adornados. Quero me responsabilizar por este diagnóstico da patologia europeia. A doença da vontade está distribuída de modo desigual na Europa: ela se apresenta em maior grau e diversidade onde a cultura já se enraizou, em contrapartida desaparece na proporção em que o "bárbaro" ainda – ou de novo – faz valer seu direito sob a roupagem esvoaçante da cultura ocidental. Portanto, na França atual, como se pode tanto deduzir facilmente quanto tornar palpável, a vontade adoece com mais gravidade; e a França, sempre possuidora de habilidade magistral em transformar até as mudanças mais funestas do seu espírito em algo encantador e sedutor, mostra hoje – como genuína escola e exibição de toda a magia do ceticismo – sua preponderância cultural sobre a Europa. A força para o querer e, na verdade, para o querer longamente uma vontade, se mostra mais vigorosa na Alemanha e, no Norte alemão, outra vez mais forte do que no centro do país, bem como consideravelmente mais forte na Inglaterra, Espanha e Córsega; lá pela ligação com a fleuma, aqui pela cabeça dura – para não falar da Itália, ainda tão jovem para saber o que quer e que tem de demonstrar que se *pode* desejar; entretanto essa força se manifesta no seu modo mais poderoso e surpreendente naquele imenso reino intermediário, onde a Europa a bem dizer reflui para a Ásia, ou seja, na Rússia. Lá a força para o querer foi muito economizada e armazenada; lá a vontade – incerta se é uma vontade de negação ou afirmação – aguarda, ameaçadora, ser liberada por meio de uma reação, para usar um termo popular entre os físicos de hoje. Não bastariam apenas guerras na Índia e tumultos na Ásia para aliviar a Europa de seu maior perigo, e sim revoluções, fracionamento de reinos em pequenas unidades e, antes de tudo, a introdução da imbecilidade parlamentarista acrescida da obrigatoriedade de que todos lessem seu jornal no café da manhã.

*A arte pela arte. (*N. do T.*)

Digo isso não como desejo meu, pois o contrário me viria muito mais ao coração. Só acho que, ante a crescente ameaça vinda da Rússia, a Europa deveria decidir se tornar ameaçadora na mesma medida ou mesmo *incorporar uma vontade única* a partir da qual uma nova casta reinante sobre o continente criasse uma vontade própria longa e terrível que pudesse impor objetivos por milênios. Assim a comédia longamente financiada pelo seu fracionamento em Estados bem como sua multiplicidade de desejos tão dinástica quanto democrata chegaria assim a um fim. O tempo da pequena política acabou: o próximo século trará a luta pelo domínio global, daí a compulsão *pela* grande política.

209.

Até que ponto a nova época guerreira, em que nós, europeus, evidentemente ingressamos, poderia talvez ser também favorável a um outro e mais forte tipo de ceticismo? A esse respeito, eu gostaria de me expressar por meio de uma parábola que os amigos da história alemã logo compreenderão. Refiro-me àquele espontâneo admirador dos granadeiros garbosos que, como rei da Prússia, daria à existência um gênio do militarismo e do ceticismo – e com isso, também àquele novo tipo de alemão que agora emerge –, pois, mesmo questionado como louco, esse pai de Frederico, o Grande, possuía num ponto o punho e a garra venturosos do gênio: ele sabia do que a Alemanha de então carecia, bem como qual deficiência causava cem vezes mais receio e premência do que, talvez, a educação e a estruturação social. Sua aversão ao jovem Frederico vinha de um instinto profundo do medo. *Faltavam homens*; e ele suspeitava, para seu mais amargo desgosto, que seu próprio filho não fosse homem o bastante. E se equivocaria: mas quem não se equivocaria no seu lugar? Ele via seu filho descair em ateísmo, ao *esprit** à francesa, à frivolidade agradável dos fran-

*Espírito. (*N. do T.*)

ceses espirituosos: via por trás de tudo a grande vampira, a aranha do ceticismo. Suspeitava com a incurável miséria de um coração não ser seu rebento mais suficientemente duro tanto para o mal quanto para o bem, ou seja, uma vontade rota que não manda mais e não mais *pode* mandar. Contudo, nesse ínterim, crescia em seu filho aquele novo tipo de ceticismo, mais perigoso e duro. E quem sabe *até onde* favorecido justamente pelo ódio demonstrado pelo pai e também pela melancolia gélida de uma vontade solitária? Aquela virilidade temerária tão próxima da genialidade para a guerra e para a conquista que, na figura do grande Frederico, faria sua estreia na Alemanha. Não obstante, esse ceticismo é em si desprezador e dilacerador; tanto é capaz de minar quanto de tomar posse; ele não confia, mas não por isso se deixa perde; concede perigosa liberdade ao espírito, contudo refreia rigorosamente o coração; representa a forma do ceticismo *alemão* que, como um "frederiquismo" continuado e elevado ao plano mais mental, propiciou à Europa uma boa época sob a tutela do espírito alemão e de sua desconfiança crítica e histórica. Não obstante todo romantismo na música e filosofia graças ao caráter masculino insuperavelmente forte e tenaz dos grandes filólogos e críticos da história alemães (que, se bem-observados, também foram todos artistas da destruição e da corrosão), um novo conceito do espírito alemão se consolidou de maneira gradual e nele o rumo para o ceticismo viril surgiria de modo decidido: seja, por exemplo, como destemor do olhar, como valentia e dureza da mão decidida, como vontade tenaz para arriscadas viagens de descobrimento, para místicas expedições ao Polo Norte sob céus desérticos e perigosos. Poderia haver bons motivos caso pessoas humanitárias, sanguíneas e superficiais, cruzassem precisamente com esse espírito: *cet esprit fataliste, ironique, méphistophélique,** conforme o chama Michelet, não sem um

---

*Esse espírito fatalista, irônico, mefistofélico. (*N. do T.*)

calafrio. Porém caso se deseje sentir quão insigne é esse temor ante o "homem" no espírito alemão, temor este que despertou a Europa da sua "soneca dogmática", então convém recordar o antigo conceito superado por ele, bem como não distar ainda muito tempo que uma mulher masculinizada ousaria encarnar tal conceito numa presunção desenfreada, recomendando aos alemães, como toupeiras poéticas, uma participação suave e bondosamente abúlica na Europa. Compreenda-se afinal com bastante profundidade a surpresa de Napoleão ao receber Goethe: ela revelava o que se pensara por séculos sobre o "espírito alemão". "*Voilà un homme!*" – queria dizer: "Este é mesmo um *homem*! E eu tinha esperado apenas um alemão!" –

210.

Considerando haver um traço discernível na imagem dos filósofos do futuro no sentido de que talvez devam ser céticos no último sentido referido, então com isso se reconheceria apenas uma particularidade deles – e *não* eles próprios. Com os mesmos direitos, eles poderiam se chamar de críticos; e certamente serão homens dos experimentos. Utilizando os nomes com que ouso batizá-los, sublinhei formalmente o seu ensaiar, bem como o gosto pelo ensaiar: isto porque, como críticos de corpo e alma, eles gostam de se servir dos experimentos num novo sentido, talvez mais amplo, talvez mais perigoso? Na sua paixão pelo conhecimento, prosseguirão com ensaios temerários e dolorosos em vez de dar bons nomes ao gosto compassivo e amimalhado de um século democrático? – Não há qualquer dúvida: esses precursores deverão ao menos prescindir daqueles atributos sérios e impensados que distinguem os críticos dos céticos. Refiro-me à sua segurança nas tabelas de valores, ao manejo consciente de uma unidade de métodos, à coragem curtida, ao estar só e ao poder se responsabilizar; sim, eles aceitam em si um gosto em dizer Não e, no desmembrar, bem como certa crueldade prudente em saber manejar o bisturi de modo seguro e hábil mesmo quando o coração sangra. Eles serão mais severos (e talvez nem sempre apenas contra si) do que as pessoas humanas desejariam. Não mais se deixarão levar pela "verdade" naquilo que ela lhes "agrade" ou "promova" e "entusiasme", mas, ao contrário, sua crença será mínima no sentido de que precisamente a *verdade* traga consigo tais folias para o sentimento. Esses espíritos rigorosos não deixarão de sorrir caso um deles diga "aquele pensamento me eleva: como não seria verdadeiro?". Ou: "Aquela obra me encanta: como não deveria ser bela?" Ou: "Aquele artista me engrandece: como ele não deveria ser grande?" – Talvez já tenham prontos não apenas um sorriso, mas também um genuíno asco por todo esse gênero de coisas entusiásticas, idealistas, femininas, hermafroditas. E quem souber acompanhá-los até suas secretas câmaras do coração, dificilmente se depararia lá com a intenção de se conciliar "sentimentos cristãos" com os "gostos antigos" e talvez menos ainda com o "parlamentarismo moderno" (embora esse tipo de conciliação deva ocorrer até entre filósofos neste nosso século tão inseguro e, daí, tão conciliador). Esses filósofos do futuro não apenas exigirão de si a disciplina pela crítica e todo hábito conducente à pureza e ao rigor nas coisas do espírito: eles deverão ostentá-los como um tipo de adorno, apesar de não desejarem ser chamados de críticos por isso. Não lhes parece irrelevante vergonha causada à filosofia quando assim se decreta, conforme acontece tão prontamente hoje: "A própria filosofia é a crítica e ciência crítica, e nada além disso!" Ainda que essa avaliação de valores da filosofia possa se alegrar com o aplauso de todos os positivistas da França e da Alemanha (– e seria possível que ela até lisonjeasse o coração e o gosto de *Kant*: lembre-se os títulos de suas obras principais –*) – não obstante, nossos novos filósofos dirão: críticos são instru-

*Tal obra é *Crítica da razão pura*, publicada em 1781. (*N. do T.*)

mentos do filósofo e, exatamente por tal condição, acham-se ainda muito longe de serem eles próprios filósofos! E também o grande chinês de Königsberg* foi apenas um grande crítico.

211.

Eu insisto em que se deixe afinal de confundir os trabalhadores da filosofia e, de modo geral, as pessoas científicas, com os filósofos, de maneira que aqui vigore no justo rigor o "a cada um o seu" e não demais a um e não de menos a outro. Para a formação do verdadeiro filósofo, pode ser necessário que ele próprio já tenha alguma vez passado por todos esses estágios onde pararam – *tiveram* de parar – seus criados, os trabalhadores científicos da filosofia; talvez ele próprio precise ter sido crítico, cético, dogmático, historiador e – ademais – poeta, colecionador, viajante, decifrador de enigmas, moralista, vidente, "espírito livre" e quase tudo o mais para assim percorrer o âmbito dos valores e sentimentos de valores humanos, sendo *capaz* de avistá-lo com todo tipo de olhos e consciência, bem como da altura para qualquer distância, da profundidade para qualquer altura, da esquina para toda vastidão. Porém, tudo isso são apenas pré-condições para a sua, pois a própria missão quer algo diferente: ela exige dele a *criação de valores.* Aqueles trabalhadores da filosofia segundo o nobre modelo de Kant e Hegel estabeleceram e resumiram em fórmulas um grande fato das avaliações de valores – nomeadamente as avaliações e *criações* de valores anteriores então tornadas dominantes e chamadas de "verdades" por algum tempo – fosse no reino da *lógica*, da *política* (moralistas) ou da *arte*. Para esses pesquisadores, é como se a questão consistisse em tornar mais do que evidente, mais do que conjeturável – ou seja, tornar apreensível e palpável – tudo o que até agora aconteceu

*Referência a Kant, que viveu em Königsberg. (*N. do E.*)

e foi avaliado, encurtando assim tudo o que for longo, incluso o próprio "tempo", e *subjugando* todo o passado: uma imensa e maravilhosa tarefa, pois a seu serviço por certo todo orgulho sutil e toda vontade tenaz podem se satisfazer. Todavia os *verdadeiros filósofos são líderes e legisladores*. Eles afirmam: "Isso *deve* ser assim!" Eles determinam o "para onde?" e o "para quê?" do ser humano e para tanto dispõem do trabalho preliminar de todos os operários da filosofia bem como de todos os violadores do passado. Estendem a mão criadora para agarrar o futuro. E tudo o que existe ou existiu se torna para eles um meio, instrumento, martelo. Seu "conhecimento" é *criação*, sua criação é uma legislação, seu desejo de verdade – *a vontade de poder*. E existem hoje tais filósofos? Existiram já tais filósofos? Não *têm* que existir tais filósofos?...

212.

Cada vez mais me parece que o filósofo, como um homem *necessariamente* do amanhã e do depois de amanhã, em todo o tempo se encontrou e devia se encontrar em contradição com o seu hoje: seu inimigo foi todas as vezes o ideal do hoje. Até agora, todos esses extraordinários fomentadores do homem – considerados filósofos, embora eles próprios raramente tenham se visto como amigos da sabedoria, mas como desagradáveis tolos e perigosos pontos de interrogação – encararam a representação da má consciência da sua época como sua missão, sua dura, indesejável e inquestionável missão, mas por fim também *grandiosa*. Precisamente quando manejam o bisturi de vivisseção no peito das *virtudes do tempo*, que revelam seu próprio segredo: descobrir uma *nova* grandeza do homem, um novo e inexplorado caminho para o seu engrandecimento. A cada vez que eles descobriram quanta hipocrisia, comodismo, aliciamento, corrupção e mentira se ocultam por trás dos tipos mais honrados da sua moralidade contemporânea ou – por outro lado, quanto de virtude *era ultrapassada* – eles disseram: "Devemos procurar além, noutro lugar, onde menos se sinta em casa hoje." Em vista de um mundo de "ideias modernas" que bem desejaria banir a todos para um canto e "especialidade", um filósofo se veria forçado, caso possa existir filósofos hoje, a colocar o conceito de "grandeza" justamente na sua abrangência e pluralidade, em sua unidade e multiplicidade: ele até determinaria valor e grau pelo quanto e tanto alguém pode trazer e assumir sobre si, pelo *até que ponto* alguém poderia suportar sua responsabilidade. Hoje, o gosto e as virtudes da época enfraquecem e diluem a vontade. Nada é tão adequado à época quanto essa abulia: no ideal do filósofo o poder da vontade, a dureza e aptidão para resoluções duradouras devem ser inerentes ao conceito de "grandeza"; e isso com tão bom direito quanto o ensinamento e ideal inversos de uma humanidade estúpida, negadora, humilde e altruísta foi conveniente a uma época oposta que – como o século XVI – devido ao bloqueio da energia da sua vontade foi assolada pelas mais salvagens águas e tempestades do egoísmo. No tempo de Sócrates, entre verdadeiros representantes do instinto cansado, entre velhos atenienses conservadores que se deixavam levar – "com alegria" conforme afirmavam e para o prazer conforme o desfrutavam, e aos quais desde muito suas vidas não lhes davam mais qualquer direito – talvez a *ironia* fosse necessária para a grandeza da alma naquela maliciosa segurança socrática de médico velho e homem da plebe a cortar tão impiedosamente na própria carne quanto na carne e coração dos "nobres", o olhar a dizer de modo bastante compreensível: "Não se passe por outro na minha frente! Aqui – somos iguais!" Mas hoje me posiciono de modo inverso nesta Europa onde só o animal de rebanho recebe e concede honras, onde a "igualdade dos direitos" poderia com extrema facilidade se transformar em igualdade na injustiça, pois quero afirmar: o ser nobre, o querer ser por si, o poder ser diferente, o estar só e o dever viver pelo próprio arbítrio pertencem hoje ao conceito de "grandeza" mesmo em meio à repressão coletiva a tudo o que for raro, singular, privilegiado, inerente ao homem superior, à alma superior, ao dever superior, à responsabilidade superior, à criativa plenitude de poder e à magnificência; e o filósofo revelará algo do seu próprio ideal quando disser: "Ele deve ser o maior, o mais solitário, o mais oculto, o mais divergente, o homem além do bem e do mal, ele, o senhor das suas virtudes, o representante da vontade; isso, precisamente, deve receber o nome de *grandeza*: o poder ser tão múltiplo quanto inteiro, tão amplo quanto pleno." E, perguntando de novo: será hoje – *possível* a grandeza?

213.

É difícil aprender o que é um filósofo, pois não é algo que se ensine: convém "sabê-lo" por experiência própria – ou deve-se ter o orgulho de *não* sabê-lo. Porém, hoje em dia, todos falam de coisas sobre as quais não *podem* ter qualquer experiência, o que se aplica na maioria das vezes e dos piores modos aos filósofos e às condições filosóficas, pois poucos os conhecem e poucos devem conhecê-los, e todas as opiniões populares sobre eles são equivocadas. Assim, por exemplo, aquela genuína confluência filosófica de uma ousada e exuberante espiritualidade a fluir num ritmo *presto** bem como um rigor e necessidade dialéticos sem deslize são algo desconhecidos na experiência dos pensadores e eruditos e, por isso, também algo inverossímil caso alguém queira falar a esse respeito diante deles. Em toda necessidade, eles veem um perigo, uma penosa imposição e coação; o próprio pensar lhes parece algo vagaroso, hesitante, quase uma labuta e com bastante frequência também algo "digno do *suor* dos nobres", mas de modo algum algo fácil, divino, aparentado à

*Rápido. (*N. do T.*)

dança, ao júbilo! Para eles o "pensar", o "levar a sério" e o "dar gravidade" a alguma coisa possuem mútua inerência: só assim eles os "vivenciam". – Os artistas talvez tenham um faro mais apurado: sabem muitíssimo bem que, justamente quando eles nada mais fazem de "arbitrário", e sim o que é necessário, seu sentimento de liberdade, refinamento e poder pleno chega ao ápice assim como o estabelecer, dispor e formar criativos – ou seja, sabem que a necessidade e o "livre-arbítrio" tornaram-se uma só coisa neles. Por fim há uma hierarquia de condições anímicas proporcional à hierarquia dos problemas; e os problemas supremos rechaçam sem piedade qualquer um que deles ouse se aproximar sem estar predestinado à sua solução pela elevação e poder da própria espiritualidade. De que adianta que cabeças comuns bem-articuladas ou mecânicos e empíricos desajeitadamente valentes avancem com suas ambições plebeias até suas proximidades e, por assim dizer, até essa "corte das cortes" como tantas vezes acontece hoje? Mas sobre tais tapetes, pés grosseiros jamais devem pisar, pois isso já foi determinado na lei original das coisas; as portas permanecem fechadas a esses intrusos ainda que eles queiram bater e arrebentar a cabeça nelas! Deve-se possuir direito de nascença àquele mundo; dizendo de forma mais clara, deve-se ter sido disciplinado para ele, pois só se possui um direito à filosofia – tomando esta palavra no seu sentido maior – graças à origem e antepassados, também aqui o desabrochar pelo "sangue" se mostra decisivo. Muitas estirpes devem ter aberto o caminho para a formação do filósofo; cada uma de suas virtudes precisou ser adquirida, cuidada, transmitida em herança e incorporada de modo individual, e não apenas na ousada, leve e delicada via e fluxo dos seus pensamentos, mas, antes de tudo, na prontidão para as grandes responsabilidades, na suserania do olhar dominador e altaneiro, no se sentir separado da multidão bem como dos seus deveres e virtudes, no benévolo proteger e defender ao que fosse malcompreendido e caluniado – fosse deus ou demônio – no gosto e exercício da grande justiça, na arte de mandar, na amplidão da vontade, no olho vagaroso que raramente admira, raramente olha para cima, raramente ama...

7
Nossas virtudes

214.

Nossas virtudes? – Parece provável que também nós tenhamos nossas virtudes, embora, por certo, não são aquelas virtudes ingênuas e robustas pelas quais preservamos a honra de nossos avós, mas também um pouco do nosso couro. Caso nós, europeus do além do amanhã; nós, primogênitos do século XX – com toda a nossa perigosa curiosidade, com nossa multiplicidade e arte do disfarce, com nossa crueldade cansada e, de certo modo adocicada, de espírito e sentidos – tenhamos virtudes, estas serão presumivelmente apenas aquelas que melhor suportaram nossas inclinações mais secretas e preferidas, e com nossos desejos mais ardentes. Procuremos então nos nossos labirintos! Lugar onde, como se sabe, tanta coisa se perde, tanta coisa fica completamente perdida. E existirá algo mais belo do que *procurar* suas próprias virtudes? Isto já não significa quase acreditar nas suas próprias virtudes? Mas esse "acreditar nas suas virtudes" não será no fundo a mesma coisa antes chamada de a sua "boa consciência", aquela venerável e comprida trança de conceitos a pender atrás da cabeça dos nossos avós e também frequentemente atrás da sua compreensão? Portanto, por menos que ainda representemos a moda antiga e a honra aos avós, parece que num ponto somos ainda os honrados netos desses avós, nós os últimos europeus com boa consciência: também herdamos a sua trança. – Oh! Se soubesse que em breve, muitíssimo em breve – tudo mudará!...

215.

Assim como no reino das estrelas às vezes são dois sóis que determinam a órbita de um planeta, assim como em certos casos sóis com diferentes cores brilham em torno de um único planeta – ora irradiando luz vermelha, ora verde, e então emitem de novo ambas ao mesmo tempo inundando o orbe de colorido; assim também somos nós, homens modernos, isso graças à complexa mecânica do nosso "céu estrelado" definido por *diferentes* morais; nossas ações brilham alternadamente em diversas cores, pois raras vezes possuem um matiz único, e há muitos casos em que praticamos ações com *vários matizes.*

216.

Amar seus inimigos? Creio que este preceito foi bem ensinado: hoje é praticado de mil modos, tanto em pequeno quanto em grande âmbito; às vezes sua prática ocorre no nível mais elevado e sublime – aprendemos a *desprezar* precisamente quando mais amamos. Mas tudo isso de modo inconsciente, sem barulho, sem ostentação, com aquela vergonha e sigilo da bondade a proibir a boca de usar a fórmula festiva da palavra e da virtude. A moral como atitude – é hoje algo contrário ao nosso gosto. Isso é também um avanço, como foi afinal para os nossos pais o fato de que a religião como atitude fosse contra o gosto deles, incluindo a hostilidade e amargura voltairiana contra a religião (e o que mais pertencesse então à língua de sinais do livre-pensamento). É a música na nossa consciência, a dança no nosso espírito a rejeitar toda ladainha puritana, todo sermão moral e boas maneiras.

217.

Cuidado com aqueles que atribuem um alto valor ao reconhecimento do seu tato moral e sutileza na distinção moral! Eles jamais nos perdoariam se alguma vez se equivocassem diante de nós (ou mesmo sobre nós) – inevitavelmente se tornam por instinto nossos caluniadores e detratores, mesmo que ainda permaneçam nossos "amigos". – Bem-aventurados são os esquecidos: "prevalecerão" mesmo com as suas formas de estupidez.

218.

Os psicólogos da França – onde mais ainda há psicólogos hoje? – nunca deixaram de experimentar um prazer mais amargo e diversificado pela *bêtise bourgeoise*,* como se... basta, com isso revelam algo. Flaubert, por exemplo, o bravo cidadão de Rouen, por fim não via, escutava e saboreava nada mais: era a sua forma de automartírio e de crueldade mais refinada. Visando uma mudança salutar para o tédio, recomendo agora uma outra fórmula para o encantamento: a astúcia inconsciente com a qual todos os robustos e valentes espíritos da mediocridade se ajustam aos espíritos mais elevados e às missões destes, aquela astúcia jesuítica habilmente emaranhada e mil vezes mais hábil do que a compreensão e gosto dessa classe média nos seus melhores momentos, e até também mais hábil do que a compreensão das suas vítimas: para a reiterada prova de que, entre todos os tipos de inteligência até agora descobertos, o "instinto" é o mais inteligente de todos. Resumindo:

*Estupidez burguesa. (*N. do T.*)

estudem, caros psicólogos, a filosofia da "regra" contra a "exceção". Terão então um espetáculo bom o bastante para os deuses e para a malícia divina! Ou, para dizê-lo de modo mais atual, façam a vivissecção nos "homens bons", no "*homo bonae voluntatis*"* em vós!

219.

Os julgamentos e condenações morais são a vingança preferida dos limitados espiritualmente contra aqueles que são menos, e também um tipo de compensação para o fato de que foram malconcebidos por natureza e, por fim, uma oportunidade de receber espírito e *refinamento* – a malícia espiritualiza. Do fundo dos seus corações, eles se sentem bem por haver um critério diante do qual os agraciados com qualidades e prerrogativas do espírito se nivelam a eles – lutam pela "igualdade de todos diante de Deus" e isso por si só quase justifica a crença em Deus. Entre eles encontram-se os mais veementes adversários do ateísmo. Quem lhes afirme que "uma espiritualidade elevada situa-se acima da comparação com qualquer retidão e respeitabilidade de uma pessoa apenas moral", irá enfurecê-los. Vou tomar cuidado para não fazê-lo. Em vez disso, quero adulá-los com minha afirmativa de que mesmo uma espiritualidade elevada representa o produto final de uma qualidade moral; representa uma síntese de todas aquelas condições atribuíveis apenas às pessoas "morais" adquiridas depois de muita disciplina e exercício individuais, talvez em cadeia de gerações; assim a espiritualidade elevada é precisamente a espiritualização da justiça e daquele rigor benevolente ciente da sua obrigação de manter a ordem das hierarquias no mundo, isso entre as próprias coisas – e não apenas entre as pessoas.

*Homem de boa vontade. (*N. do T.*)

220.

Diante do louvor agora tão popular aos "desinteressados", convém – talvez não sem algum perigo – propiciar a conscientização sobre o que de fato interessa ao povo, bem como quais são em geral as coisas que preocupam o homem comum de maneira completa e profunda (incluindo os cultos e mesmo os eruditos e, ao que tudo indica, também os filósofos em boa medida). O fato então evidenciado é que quase tudo o que agrada e encanta os gostos mais refinados e exigentes, bem como toda natureza mais elevada parece absolutamente "desinteressante" para a pessoa mediana. E, caso esta perceba uma inclinação para tais coisas, logo rotula esta inclinação como "*désintéressé*" e então se admira de como é possível agir de modo "desinteressado". Houve filósofos que ainda souberam incutir nessa admiração popular uma expressão tão tentadora quanto mística e transcendente (por não conhecerem talvez a natureza mais elevada por experiência própria?) – em vez de expor a verdade nua e crua de que uma ação "desinteressada" é na verdade uma ação das *mais* interessantes e interessadas, supondo que... "E o amor?" – Como?! Será até uma ação por amor algo "altruísta"? Como são tolos! "E o louvor dos sacrificadores?" Quem realmente realizou sacrifícios sabe que queria e receberia algo com isso – talvez tirando algo de si para dar algo a si –, de modo que cederia aqui para ter mais à frente, talvez para ser maior ou mesmo para se sentir "maior". Contudo, este é um reino de perguntas e respostas em que um espírito mais exigente só permanece com relutância: a necessária verdade precisa então reprimir o bocejo caso se veja forçada à resposta. Afinal ela é uma mulher: não se deve agredi-la.

221.

"Pode ser", disse um moralista pedante, "que eu honre e destaque uma pessoa altruísta. Não porque ela seja altruísta, mas porque ela parece ter o direito de beneficiar outra pessoa às suas custas. E reiteradas vezes surge o questionamento de quem é *ele* e quem é *aquele*. Por exemplo, em alguém destinado e feito para o comando, a autonegação e o retroceder discreto não seria uma virtude, mas a dissipação de uma virtude, ao menos assim me parece. Qualquer moral não egoísta que se considera incondicional e extensiva a todos peca não apenas contra o bom gosto, pois também representa um incitamento ao pecado da omissão, bem como uma tentação *a mais* sob a máscara da filantropia. E também uma tentação e malefício aos mais elevados, raros e privilegiados. Deve-se forçar as morais a se curvarem antes de tudo à *hierarquia*; deve-se conscientizá-las da sua arrogância até que por fim esclareçam entre si ser imoral afirmar 'o que é certo para um é justo para o outro'." – Portanto, meu caro pedante da moral e *bonhomme**, acaso merecerá o riso de escárnio quem dessa maneira enxerta as morais na moralidade? Porém não se deve ter muita razão caso se deseje ter os escarnecedores a seu lado; uma pitada de injustiça até constitui parte do bom gosto.

222.

Onde se prega hoje a compaixão – e, prestando atenção, nenhuma outra religião é mais pregada agora – o psicólogo deve abrir seus ouvidos, pois, em meio a toda vaidade e a todo barulho próprios desses pregadores (como de todos os pregadores), ele ouvirá uma voz de autodesprezo mais rouca a gemer. Ela provém do obscurecimento e da desfiguração da Europa agora já com um século de crescimento (e cujos primeiros sintomas já começam a se revelar numa reflexiva carta de Galiani a Madame d'Épinay): *sendo talvez sua causa!* O homem das "ideias modernas", esse macaco orgulhoso, se acha indomavel-

---

*Bom homem. (*N. do E.*)

mente insatisfeito consigo mesmo. Ele padece, ainda que sua vaidade exija apenas que ele "compadeça"...

223.

O miscigenado europeu – de modo geral um plebeu bem feio – efetivamente necessita de uma fantasia, daí recorrer à história como a um depósito de fantasias. Por certo percebe então, não se ajustar bem a qualquer uma delas – ele vive sempre a mudar. Examinemos o século XIX nessa preferência afobada e na mutabilidade do estilo de disfarces; e nos momentos do nosso desespero quando "nada se sustenta". Mostra-se inútil proceder de modo romântico, ou clássico, ou cristão, ou florentino, ou barroco, ou "nacional", *in moribus et artibus*:* "Tais vestes não vestem!" Entretanto, o "espírito", e em especial o "espírito histórico", também percebe sua vantagem até nesse desespero já que sempre examinará, reordenará, armazenará, embalará e, antes de tudo, estudará uma nova fatia pré-histórica de uma outra cultura. – Somos a primeira época estudiosa de "fantasias". Refiro-me aos morais, artigos de fé, apreciadores da arte e religiões. Agora é época como nunca antes de carnaval em grande estilo, para a folia de gargalhadas e devassidão mais mentais, para as alturas transcendentais do disparate supremo e do escárnio aristofânico do mundo. Talvez por ainda descobrirmos aí o reino da nossa criatividade, aquele reino onde nós ainda podemos ser originais, quiçá como parodiadores da história do mundo e bufões de Deus, talvez de maneira que, se nada do hoje tiver futuro, ao menos nosso riso terá!

224.

O *sentido histórico* (ou a capacidade de decifrar rapidamente a hierarquia das valorizações pelas quais viveram um povo,

*Em comportamento e práticas. (*N. do T.*)

uma sociedade ou uma pessoa, ou seja, o "instinto divinatório" para as interações entre esses valores bem como para a relação da autoridade dos valores com a autoridade das forças atuantes): um sentido que nós europeus reivindicamos como particularidade nossa, chegou até nós no rastro da *semibarbárie* encantadora e desvairada na qual foi lançada a Europa pela democrática e caótica mistura de classes e raças – e apenas o século XIX conhece esse sentido como o seu sexto sentido. O passado de toda forma e modo de vida de culturas, que outrora coexistiram ou se sobrepujaram com dureza, se revela em nós "almas modernas" graças àquela mistura. Assim nossos instintos a ela refluem de todos os lugares, daí sermos nós mesmos uma espécie de caos. Até que, como eu disse, "o espírito" tire vantagem disto. Por conta da nossa semibarbárie de corpo e de cobiça, temos acessos secretos em qualquer rumo como nenhuma outra época nobre teve, e, acima de tudo, acessos aos labirintos das culturas inacabadas e à semibarbárie que já existiu na Terra; e, na medida em que até agora a parte mais considerável da cultura humana foi justamente a da semibarbárie, esse "sentido histórico" significa quase um sentido e instinto para tudo, bem como um gosto e uma língua para tudo: com o que ele logo se revela um sentido *desprovido* de nobreza. Nós, por exemplo, voltamos a apreciar Homero: aprender a saborear Homero talvez seja a nossa mais venturosa projeção, pois mesmo as pessoas de uma cultura nobre (talvez os franceses do século XVII, como Saint-Evremond, criticavam-lhe o *esprit vaste** e até sua consumação em Voltaire) não sabem e não souberam se apropriar tão facilmente desse gosto cujo desfrute mal se permitiam. O Sim e o Não muito convictos do seu paladar, a prontidão do seu asco, sua reserva hesitante em relação ao desconhecido, sua timidez ante a banalidade até da mais viva curiosidade, e sobretudo aquela má vontade de toda

*Mente aberta. (*N. do T.*)

cultura nobre e autossuficiente em admitir uma nova avidez, um descontentamento interno, uma admiração ao estranho: tudo isso os coloca e predispõe contra as melhores coisas do mundo que não são propriedade sua ou *não poderiam* ser sua pilhagem. E sentido algum parece tão incompreensível para tais pessoas senão justamente o sentido histórico e sua submissa curiosidade plebeia. Não é diferente com Shakespeare, essa surpreendente síntese de gostos hispano-mouro-saxões que faria um dos velhos amigos atenienses de Ésquilo morrer de rir ou de raiva. Porém, nós aceitamos precisamente essa policromia selvagem, esse emaranhado do que é mais terno, grosseiro e artificial, com uma confidencialidade e cordialidade secretas, pois desfrutamos isso justamente como o refinamento e arte a nós reservados e assim deixamos que os vapores adversos e a proximidade com a plebe inglesa, que vive a arte e o gosto de Shakespeare, nos perturbem tão pouco quanto talvez nos perturbaria se estivéssemos na Chiaia de Nápoles): onde com todos os nossos sentidos seguimos nosso caminho deslumbrada e voluntariamente ainda que os esgotos dos quarteirões estejam a céu aberto. Nós, os homens do "sentido histórico", possuímos, como tais, nossas inquestionáveis virtudes... Somos despretensiosos, altruístas, modestos, valentes, plenos de autossuperação, plenos de devoção, gratíssimos, pacientíssimos, solidaríssimos, mas talvez, apesar de tudo, não tenhamos muito "bom gosto". No final das contas, admitamos: o que para nós, homens do "sentido histórico", é mais difícil de conceber, sentir, prelibar e amar – aquilo que no fundo nos parece preconcebido e quase hostil –, justamente a perfeição e a consumação, ou seja, a maturidade em toda cultura e arte, a verdadeira nobreza nas obras e nas pessoas, seu momento de mar sereno e autossuficiência alciônica, a frieza dourada vista em quase todas as coisas concretizadas. Talvez essa nossa grande virtude do sentido histórico consista num necessário antagonismo ao *bom* gosto, ao menos com o melhor de todos os gostos. Realmente somos apenas capazes de reproduzir as tão breves e supremas venturas e apoteoses da vida humana – quando estas cintilam aqui e acolá – apenas de modo ruim, apenas com hesitação, apenas pela obrigatoriedade: naqueles momentos e maravilhas em que uma grande força se depara com o desmedido e o ilimitado, quando uma profusão de prazer suave pela sujeição e petrificação, pelo permanecer firme e pela consolidação, poderia ser desfrutada sobre um solo ainda trêmulo. A *medida* nos é estranha, admitamos; nossa excitação é exatamente a excitação pelo infinito, pelo imensurado. Tal como o cavaleiro a ouvir o bufo do corcel à sua frente, soltamos também as rédeas diante do infinito, nós homens modernos, nós semibárbaros que encontramos nossa bem-aventurança onde em geral também nos achamos – *em perigo.*

225.

Hedonismo, pessimismo, utilitarismo e eudemonismo representam todos eles mentalidades que medem o valor das coisas de acordo com *prazer* e *sofrimento*, ou seja, conforme circunstâncias e incidentes. São portanto mentalidades de primeiro plano e ingenuidades, e sobre as quais alguém que se sabe possuidor de forças *modeladoras* e de consciência de artista lançará do alto um olhar não isento de ironia e tampouco de compaixão. Compaixão por vocês! Esta certamente não é a compaixão que imaginam, pois não se trata de compaixão ante a "carência" social nem pela "sociedade" com seus doentes e infortunados, com seus corrompidos e alquebrados natos que jazem à nossa volta. E menos ainda compaixão para com as oprimidas e resmungonas classes de escravos revoltosos a buscar o domínio - por eles chamado de "liberdade". *Nossa* compaixão é algo mais elevado e de visão mais ampla: vemos como o homem se apequena e como vocês o apequenam! E há momentos em que encaramos precisamente *sua* compaixão com uma ansiedade indescritível, momentos em que nos defendemos dessa compaixão, em que achamos vossa seriedade mais perigosa do que qualquer frivolidade. Vocês querem, se possível – e não há qualquer "se possível" mais tolo –, *abolir o sofrimento*? E o que queremos *nós*? Efetivamente parece que o queremos maior e pior do que nunca! O bem-estar como o compreendem não representa qualquer objetivo, mas, ao contrário, parece-nos um *fim*! Uma circunstância que logo torna o ser humano risível e desprezível, que faz *desejar* o seu ocaso! A cultura do sofrimento, do *grande* sofrimento, não sabem que apenas *ela* propiciou até agora todas as elevações dos homens? Aquela tensão que cria na alma infeliz, aquele seu horror ao presenciar o grande sucumbir, aquela sua criatividade e bravura no trazer, persistir, interpretar e utilizar a desgraça, bem como aquilo que lhe foi presenteado somente pela profundidade, mistério, máscara, espírito, astúcia e grandeza: não foram concedidas sob sofrimento, sob a disciplina do grande sofrimento? O ser humano representa a união de *criatura* e *criador*, pois nele existe matéria, fragmento, abundância, barro, sujeira, absurdo, caos; entretanto nele existe também o lado criador, escultor, a dureza do martelo, a divina natureza de espectador e de sétimo dia. Você entende esse antagonismo? E também que *sua* compaixão para com "a criatura no homem" tange igualmente àquilo que precisou ser formado, rompido, forjado, dilacerado, queimado, fervido e purificado, bem como àquilo que *deve* e precisa necessariamente *sofrer*? E, quanto à *nossa* compaixão, não compreendeis para quem se volta nossa piedade *invertida* ao se defender de sua compaixão como o pior dos mimos e fraquezas? – Portanto compaixão *contra* a compaixão! – Mas, dizendo-o outra vez, há problemas maiores do que todo o prazer, sofrimento ou compaixão; e toda filosofia que flui apenas nessa direção é uma ingenuidade. –

226.

Nós, os imoralistas! – Esse mundo que nos diz respeito, e onde tememos e amamos, esse mundo quase invisível e inaudível da autoridade sutil, do ouvir sutil, um mundo de "quase" em todos os aspectos e também um ambiente cortante, capcioso, pontiagudo e terno: sim, ele é bem-defendido contra espectadores grosseiros e curiosos íntimos! Estamos encapsulados numa rígida malha e camisa de deveres e dela *não conseguimos* escapar – por esse preciso motivo, também somos "homens do dever"! Por vezes, é bem verdade, dançamos muito bem com os nossos "grilhões" e entre nossas "espadas"; mais frequentemente, não é menos verdade, que também gememos no meio delas e ficamos impacientes com toda a secreta dureza do nosso destino. Contudo, desejamos fazer o que queremos: os patetas e as aparências depõem contra nós, afirmando "vocês não passam de homens *sem* dever!". De qualquer modo – sempre teremos os patetas e as aparências contra nós!

227.

A honestidade, vista como virtude da qual nós, espíritos livres, não podemos abrir mão, também representa aquilo em que queremos trabalhar incansavelmente com toda a malícia e amor para o "aperfeiçoamento" dessa *nossa* virtude restante: que seu esplendor possa um dia permanecer como uma irônica aurora de azul radioso sobre esta cultura senil e sua seriedade enfadonhamente sombria! E mesmo que um dia nossa honestidade se canse, suspire e, ao esticar os membros no espreguiçar, nos ache duros demais e prefira-nos mais brandos, fáceis e ternos tal como um agradável vício, ainda assim nós, os últimos estoicos, permaneceremos *firmes*! E enviemo-lhes como ajuda o que possuímos de maldade: nossa repulsa à grosseria e à imprecisão, nosso "*nitimur in vetitum*",* nossa coragem aventureira, nossa curiosidade hábil e exigente, nossa vontade de poder e de superação do mundo mais refinada, disfarçada e espiritual a vagar e esvoaçar cobiçosa por todos os reinos do futuro. Socorramos nossos "deuses" com todos os nossos "diabos"! É bem provável que devido a isso não nos compreendam bem e se equivoquem conosco. Que importa?! Ainda que se afirme: "Vossa seriedade é vosso demonismo, nada mais!" Que importa?! E mesmo que se tivesse tal direito?! Todos os deuses não foram até agora demônios santificados rebatizados? E o que, afinal, sabemos sobre nós? E como deseja ser *chamado* o espírito que nos conduz? (Trata-se de uma questão de nomes.) E a quantos espíritos nós acolhemos? Cuidemos para que nossa honestidade de livres-pensadores não se torne nossa vaidade, nossa roupagem e ostentação, nosso limite, nossa estupidez! Toda virtude tende à estupidez bem como toda estupidez, à virtude; "estúpido até a santidade", dizem na Rússia. – Cuidemos para não acabar nos tornando objeto de santificação e enfado devido à honestidade! Não é a vida diminuta em escala centesimal para com ela se enfadar? Seria preciso acreditar na vida eterna...

228.

Peço perdão pela descoberta de que até agora toda a filosofia da moral foi enfadonha e fez parte dos soníferos e de que, a meus olhos, "a virtude" não foi prejudicada por outra coisa além desse caráter *monótono* dos seus arautos; embora com isso eu ainda não queira desconsiderar a sua utilidade geral. É muito revelador que o menor número possível de pessoas reflita sobre a moral e, por decorrência inversa, é muito importante que a moral nunca se torne algo interessante! Não há com

---

*Lançamo-nos ao proibido. (*N. do T.*)

o que se preocupar! Também hoje as coisas estão no mesmo pé em que sempre estiveram, pois na Europa não vejo ninguém que tivesse (ou *propiciasse*) uma visão de que a reflexão sobre a moral pudesse ser conduzida da maneira perigosa, capciosa e sedutora... E que *calamidade* isso poderia acarretar! Observe-se, por exemplo, os sempre incansáveis utilitaristas ingleses e quão grosseira e honradamente seguem para cá e para lá as pegadas de Bentham*, valendo ressaltar que uma parábola homérica ilustra tal atitude de modo mais claro. Fazem-no como se o próprio Bentham já seguisse as pegadas do venerável Helvétius** (Não, não era um homem perigoso esse Helvétius)! Nenhum pensamento novo, nada em termos de aplicação e desdobramento mais refinados de um pensamento antigo nem sequer uma história real sobre a antiga concepção: uma literatura totalmente *inacessível* caso nela não se coloque com alguma malícia boas pitadas de sal. Também nesses moralistas (os quais se deve ler com absoluta precaução, caso se deva mesmo lê-los) se infiltrou aquele velho vício inglês da hipocrisia do *cant**** que é uma *tartufice moral*, dessa vez oculto sob uma nova forma: ciência. E não houve descuido na secreta defesa ante remorsos decerto sentidos por uma raça de antigos puritanos diante de todo manejo científico com a moral. (Não é um estudioso da moral o contrário de um puritano? Não se trata de um pensador que encara a moral como algo questionável, digno de um ponto de interrogação e, em suma, como um problema? Não deveria o moralista – Ser imoral?) No final das contas eles querem tudo o que justifique a moralidade *inglesa*: desde que exatamente por isso não se justifique também a humanidade, ou o "bem geral", ou "a felicidade da maioria"! Não! Só a felicidade da *Inglaterra*. Eles desejam com todas

*Jeremy Bentham, formulador da doutrina utilitarista. (*N. do T.*)
**Claude-Adrien Helvétius, filósofo e literato francês. (*N. do T.*)
***Linguagem artificial. (*N. do T.*)

as suas forças se convencer de que o esforço pela felicidade inglesa – refiro-me a *comfort* e *fashion** (e, acima de tudo, a um assento no parlamento) – seja ao mesmo tempo também a trilha certa da virtude, e mesmo que até agora só tenha havido tanta virtude no mundo por consistir ela justamente num tal esforço. Nenhum desses vagarosos animais de rebanho inquietos em sua consciência (que tentam liderar a causa do egoísmo como causa do bem-estar geral) deseja saber ou farejar alguma coisa sobre o fato de que o "bem-estar geral" não representa qualquer ideal, qualquer fim, qualquer conceito de alguma forma apreensível, e sim apenas um vomitório, que a justiça para um *de modo algum* poderá ser a justiça para outro, assim como a exigência de uma moral para todos representa o estorvo justamente para as pessoas superiores ou, enfim, que há uma *hierarquia* entre homem e homem e, consequentemente, entre moral e moral. Esses utilitaristas ingleses são mesmo um tipo de pessoa modesta e profundamente mediana e, como foi dito, na medida em que eles se revelam enfadonhos não se pode pensar bastante bem sobre a sua utilidade. E ainda dever-se-ia *encorajá-los*, conforme será tentado com estas rimas:

> Vivas a vós, bravos carroceiros,
> Fiéis ao "mais força, mais altaneiros",
> Cabeça e joelho sempre a rangir
> Faltos de entusiasmo e alegria,
> Sois da firme mediocridade alegoria,
> *Sans génie et sans esprit!*

229.

Naquelas épocas tardias que devem se mostrar orgulhosas da sua humanidade subsiste tanto medo, tanta *superstição*

*Conforto e moda, respectivamente. (*N. do T.*)

advinda do temor ante a "cruel e selvagem besta" sobre a qual o domínio adquirido constitui precisamente o orgulho das épocas mais humanas, de modo que mesmo verdades palpáveis referentes ao senso de compromisso se viram amordaçadas ao longo de séculos por terem a aparência de ajudar a trazer novamente à vida aquelas bestas finalmente abatidas. Talvez eu arrisque algo caso deixe uma tal verdade me escapar, pois algum outro pode capturá-la novamente e lhe dar tanto "leite da mentalidade devota" para beber até jazer calma e esquecida no seu velho canto. Deve-se reaprender o conceito de crueldade e assim abrir os olhos; por fim deve-se também aprender a impaciência para assim não se rodear mais virtuosa e ousadamente a tais robustos erros imodestos como, por exemplo, quando estes são superalimentados em relação à tragédia tanto pelos antigos quanto pelos novos filósofos. Meu teorema é: quase tudo o que chamamos de "cultura mais elevada" se baseia na espiritualização e aprofundamento da crueldade; aquela "besta selvagem" não foi de modo algum abatida. Ela vive, prospera, até – se divinizou. O que propicia a volúpia dolorosa da tragédia é a crueldade; aquilo que atua de modo agradável na chamada compaixão trágica e, no fundo, até em toda sublimidade alcança os mais elevados e ternos calafrios da metafísica, só recebe sua doçura por meio da mistura com o ingrediente da crueldade. Aquilo que o romano aprecia na arena, assim como o cristão nos êxtases da cruz, o espanhol à roda das fogueiras inquisitoriais ou das touradas, o japonês de hoje a se lançar na tragédia, o trabalhador parisiense de subúrbio a sentir saudades de revoluções sangrentas, as wagnerianas que – com casto desejo – chamam sobre si Tristão e Isolda, sim, o que todos estes apreciam e procuram sorver com misterioso ardor são as bebidas apimentadas do grande circo "crueldade". Desse exame certamente convém descartar a tola psicologia de outrora que, no tangente à crueldade, só sabia ensinar que esta surgia pela visão de um sofrimento ainda não conhecido.

E também existe um intenso ou intensíssimo prazer no sofrimento próprio, no causar sofrimento a si próprio, e onde o ser humano se deixa persuadir à autonegação no sentido *religioso* ou à automutilação como entre os fenícios ou os ascetas – ou até à negação da sensualidade, ao descarnar, à contrição, aos espasmos expiatórios puritanos, à vivissecção da consciência e ao *sacrifizio dell'intelletto** proposto por Pascal – lá ele será secretamente atraído e impelido adiante pela sua crueldade, por aquele perigoso calafrio da crueldade voltada *contra ele mesmo*. Por fim, pondere-se que até o conhecedor age como artista e transfigurador da crueldade quando força seu espírito a um conhecer *contra* ele mesmo e, com bastante frequência, também *contrário* aos desejos do seu coração, especialmente quando profere um não onde desejaria dizer sim, amar e adorar; todo posicionamento profundo e fundamental já representa uma violação, um querer causar dor na vontade basilar do espírito a qual, de modo ininterrupto, quer emergir na aparência e na superfície, daí o rumo inverso de todo o querer conhecer já representa uma gota de crueldade.

230.

Talvez não se compreenda de imediato o que acabo de dizer a respeito de uma "vontade fundamental do espírito", assim permitam-me uma explicação. – Aquele algo com o poder de comando chamado pelo povo de "o espírito" deseja se tornar e se sentir senhor em si e em torno de si, pois tem a vontade de rumar da pluralidade para a simplicidade, uma vontade constritiva, impositiva, despótica e realmente senhorial. Suas necessidades e virtudes são nesse aspecto as mesmas que os fisiólogos atribuem a todo ser que viva, cresça e se reproduza. O poder do espírito em se apropriar do que lhe é estranho se revela

*Sacrifício do intelecto. (*N. do T.*)

por uma forte inclinação em assemelhar o novo ao antigo, em simplificar o multifacetado, bem como em desconsiderar ou descartar o divergente: da mesma forma como ele ressalta, destaca e verdadeiramente falseia de maneira arbitrariamente mais forte certos traços e linhas desconhecidos em qualquer parte do "mundo exterior". A intenção da referida vontade fundamental é a de incorporação de novas "experiências", de classificação de coisas novas entre os padrões antigos e, portanto, uma *intenção* de crescimento ou, ainda mais precisamente, de sensação de crescimento e de aumento de força. Essa mesma vontade serve a um impulso do espírito aparentemente oposto, pois num repente exterioriza uma opção pela ignorância e seus subprodutos manifestos com isolamento voluntário pelo fechar de suas janelas, negação interna a essa ou àquela coisa por um não deixar chegar a si, bem como um tipo de condição defensiva ante o muito cognoscível, um contentamento com a escuridão e o conclusivo horizonte a dizer sim e a dar bons nomes à ignorância: como tudo isto é necessário conforme o grau de seu poder de apropriação e do seu "poder de digestão". Falando tão metafórica quanto realisticamente o chamado "espírito" em geral ainda se parece a um estômago. Nesse plano se situa também a eventual vontade do espírito em se deixar enganar, talvez com um travesso pressentimento de que as coisas *não* sejam de tal ou qual maneira, mas que apenas se convenciona atuar de tal ou qual maneira. Trata-se portanto de um prazer por toda incerteza e ambiguidade, uma exultante autoindulgência na estreiteza e sigilo de um canto, na proximidade excessiva, no primeiro plano, na ampliação, redução, deslocamento e embelezamento, daí uma autoindulgência pela arbitrariedade de todas essas manifestações de poder. Por fim nesse plano se situa igualmente aquela prontidão nada irrefletida do espírito no sentido de enganar a outro espírito e se dissimular diante deste, aquela insistente pressão e premência de uma força criadora, modeladora e modificadora, pois o espírito sente então prazer com a sua máscara de diversidade e com a própria astúcia; desfruta também nesse plano do sentimento de segurança já que justamente pelas suas artes de Proteu* está defendido e oculto da melhor maneira! *Contra* esse desejo de aparência, reducionismo, máscara, manto e, em suma, pelo superficial – pois toda superficialidade é um manto – *atua* aquela sublime inclinação do conhecedor, já que este encara e *quer* encarar as coisas de modo profundo, multifacetado e fundamental: como uma espécie de crueldade da consciência e do gosto intelectuais reconhecida em si mesmo por todo pensador corajoso supondo que, conforme convém, ele tenha endurecido e aguçado o olho para si mesmo por bastante tempo bem como se habituado à disciplina rigorosa e também às palavras rigorosas. Ele dirá "há algo cruel na inclinação do meu espírito", e então as virtudes e amabilidades podem tentar desculpá-lo! De fato soaria mais gentil caso no lugar da crueldade se atribuísse, admitisse e elogiasse em nós – livres, espíritos *muito* livres –, algo como uma "honestidade extravagante". E porventura não receberemos essa adjetivação na nossa... Posteridade? Por ora – pois haverá algum tempo até lá –, bem desejaríamos estar ao menos tendentes a nos revestir com tais lantejoulas e sinalizadores do vernáculo, pois até agora todo o nosso trabalho estragou-nos justamente esse gosto e sua mais alegre exuberância. Estas parecem mesmo palavras belamente cintilantes, sonoras e festivas: seriedade, amor à verdade, sacrifício pelo conhecimento, heroísmo da veracidade; nelas há algo capaz de inchar o orgulho de alguém. Mas nós, eremitas e marmotas, desde muito nos convencemos no sigilo pleno de uma consciência de eremita de que também o esplendor da palavra pertence ao velho adorno, andrajos e pó de ouro da mentira inerente à inconsciente vaidade humana, e que também sob tais matizes

*Na *Odisseia*, Proteu é um deus marinho capaz de mudar de forma e de prever o futuro. (*N. do T.*)

e recoloração lisonjeiros deve ser reconhecido de novo o terrível texto fundamental do *homo natura*.* Trata-se portanto da retradução do ser humano ante a natureza, do predominar sobre as muitas interpretações e sentidos suplementares tão vaidosos quanto entusiásticos até agora rabiscados e pintados sobre aquele eterno texto fundamental do *homo natura*; trata-se de fazer com que doravante o homem se posicione ante os demais homens como o faz hoje, endurecido pela disciplina científica, ante outras naturezas, ou seja, com destemidos olhos de Édipo e ouvidos atentos de Odisseu, surdo aos acordes de captura de velhos passarinheiros metafísicos que por tempo demais lhe tocaram a flauta do: "Tu és mais! Tu és mais elevado! Tu és de outra origem!" Esta pode ser uma missão estranha e tola, mas é uma missão... E quem desejaria negá-lo?! E por que escolheríamos essa missão tola? Ou perguntando de outra maneira: "Afinal para que o conhecimento?", nos indagará alguém. E nós, sobremodo pressionados, nós que centenas de vezes já perguntamos a nós mesmos, não achávamos nem achamos qualquer resposta melhor...

231.

Como bem sabe o fisiólogo, a prendizagem nos transforma, pois faz como toda nutrição, que não apenas "sustenta", mas conserva. Todavia no fundo de nós, bem "lá embaixo" por certo existe algo incognoscível, um granito do *fatum*** espiritual, bem como de decisão e resposta predeterminados. Em todo problema cardinal fala um imutável "isto sou eu"; sobre homem e mulher, por exemplo, um pensador não pode mudar sua forma de análise e sim apenas concluí-la, isto é, apenas descobrir afinal o que se acha "consolidado" nele a esse respeito.

---

*Homem natural. (*N. do T.*)

**Destino. (*N. do T.*)

De tempos em tempos, se encontram certas soluções de problemas que efetivamente nos levam a crenças profundas; talvez a partir de então se chame a elas de suas "convicções". Mais tarde se verá nelas apenas rastros para o autoconhecimento, guias para os problemas que nós *somos*, ou melhor, para a grande estupidez que nós somos; guias para o nosso *fatum* espiritual, para o *incognoscível* bem "lá embaixo". – Diante dessa grande amabilidade, que também acabei de cometer contra mim mesmo, talvez já me seja permitido exprimir algumas verdades sobre a "mulher em si", posto se saber de antemão até que ponto tratam-se apenas das *minhas* verdades.

232.

A mulher deseja se tornar independente e, para tanto, começa a esclarecer os homens sobre a "mulher em si" – este representa um dos piores avanços da *desfiguração generalizada* da Europa. Pois que tipo de coisas devem revelar essas grosseiras tentativas de cientificidade e autodesnudamento femininos! E a mulher tem tantos motivos para a vergonha; nela se oculta tanto pedantismo, superficialidade, modos de sabe-tudo, pequenez pretensiosa, pequenez desenfreada e imodesta – basta observar sua relação com as crianças! –, características reprimidas e domadas da melhor maneira pelo *temor* ao homem. E que dores de parto caso apenas o "eterno enfadonho na mulher" – e ela é rica nisso – queira se aventurar! Caso de modo radical e por princípio ela comece a desaprender sua esperteza e arte, graça, jogo; seu afugentar preocupações, aliviar e não levar a sério, sua habilidade sutil para cobiças agradáveis! Já se fazem ouvir vozes femininas que, por santo Aristófanes, causam pavor, ameaçando com clareza medicinal o que a mulher *espera* em primeira e última instância do homem. Não é algo de mau gosto quando a mulher se prepara de tal forma para se tornar científica? Até agora felizmente o elucidar foi uma coisa e um dom dos homens, algo que permanecia "entre nós"; e por fim convém manter boa dose de desconfiança diante de tudo o que as mulheres escrevessem sobre "a mulher", caso a mulher queira – e seja capaz de querer – o verdadeiro esclarecimento sobre si mesma. Não estaria uma mulher procurando um novo *disfarce*, creio que o se disfarçar é inerente ao eterno feminino, não? Então ela quer causar medo diante de si, talvez desejando o domínio com isso. Porém, ela *não* deseja a verdade: em que a mulher se importa com a verdade?! Nada é desde o início mais estranho, aversivo e hostil à mulher do que a verdade; sua grande arte é a mentira, sua questão suprema é a aparência e a beleza. Confessemos nós, homens: nós honramos e amamos justamente *essa* arte e *esse* instinto na mulher: nós que levamos as coisas a sério e que, para nosso alívio, prontamente nos juntamos a criaturas em cujas mãos, olhares e ternas tolices nossa seriedade, nossa gravidade e profundidade parecem uma bobagem. Por fim faço a seguinte pergunta: alguma vez a própria mulher reconheceu como profunda a mente de mulher ou como justo coração de mulher? E não é verdade que, avaliando *grosso modo*, em geral "a mulher" foi até agora desprezada pela própria mulher e de nenhuma maneira por nós? Nós, homens, esperamos que a mulher não continue a se comprometer por meio do esclarecimento, assim como se tratava do cuidado e do zelo do homem para com a mulher quando a Igreja decretou: *mulier taceat in ecclesia!** Em proveito da mulher, Napoleão deu a entender à eloquentíssima Madame de Staël: *mulier taceat in politicis*!** E penso ser um autêntico amigo das mulheres aquele que hoje grita: *mulier taceat de muliere!****

---

*Mulher, silencia-te na igreja! (*N. do T.*)
**Mulher, cala-te na política! (*N. do T.*)
***Mulher, cala-te sobre a mulher! (*N. do T.*)

233.

É revelador de corrupção dos instintos – para não dizer ser também revelador de mau gosto – quando uma mulher se reporta justamente a Madame Roland ou a Madame de Staël ou a Monsieur George Sand* como se com isso pudesse ser provado algo em favor da "mulher em si". Entre homens, as três mulheres mencionadas, representam as três mulheres *cômicas* em si – e nada mais! – e portanto justamente o melhor *contra-argumento* involuntário contra a emancipação e autossuficiência femininas.

234.

A estupidez na cozinha; a mulher como cozinheira; o horrível descuido com que é providenciada a nutrição da família e do dono da casa! Ainda que a mulher não compreenda o que *significa* o alimento, ela quer ser cozinheira! Se a mulher fosse uma criatura pensante, então já teria, como cozinheira há milênios, efetivamente descoberto as maiores realidades fisiológicas, bem como deveria haver tomado posse da arte da cura! O desenvolvimento humano foi retardado ao máximo e prejudicado da pior forma por péssimas cozinheiras e pela total falta de bom senso na cozinha; e hoje a situação ainda piorou. Eis um discurso para meninas.

235.

Existem sinuosidades e projeções do espírito, existem sentenças que, com um pequeno punhado de palavras, cristalizam de súbito toda uma cultura, toda uma sociedade. Aquelas

---

*Pseudônimo da romancista francesa Amandine Aurore Lucile Dupin. (*N. do T.*)

palavras casuais de Madame de Lambert a seu filho são bem representativas disso: "*Mon ami, ne vous permettez jamais que des folies, qui vous feront grand plaisir.*"* – Este foi o conselho mais maternal e astuto já dirigido a um filho.

236.

Aquilo que Dante e Goethe pensaram da mulher, aquele enquanto cantava "*ella guardava suso, ed io in lei,*"** este enquanto traduzia "o eterno feminino nos atrai para cima" não duvido que toda mulher nobre se defenderá desta crença, pois crê justamente no eterno masculino.

237.

À mulher estes sete versinhos:

Como pode o tempo mais longo passar,
para um homem a nós se rastejar!

Oh, a idade! E a ciência...
Daí também à fraca virtude potência.

Vestes negras e mutismo
cobrem qualquer mulher com virtuosismo.

A quem sou grata na ventura?
A Deus!... E à minha mestra da costura.

Jovem: florido lar cavernoso.
Velha: um dragão dele emerge raivoso.

---

*Meu amigo, jamais se permita algo além de loucuras que lhe darão grande prazer. (*N. do T.*)

**Ela olhou para cima, e eu para ela. (*N. do T.*)

Nobre nome, belas pernas,
Ademais homem: ah, suas falas ternas!

Fala curta, sentido comprido
Alerta para a asna emitido!

237a.

As mulheres sempre foram tratadas pelos homens como pássaros caídos de alguma altura por descuido, ou seja, como algo mais sutil, vulnerável, selvagem, maravilhoso, doce e cheio de alma – todavia também como algo que se deve engaiolar para que não fuja.

238.

O equívoco quanto ao problema fundamental sobre "homem e mulher", a negação do mais abissal antagonismo e de uma tensão eternamente hostil, sonhar com os mesmos direitos e deveres: aí está um *típico* sinal de superficialidade mental, e um pensador que neste perigoso ponto se revela superficial – superficial em instinto! –, deve ser considerado efetivamente como suspeito, mais ainda, como alguém denunciado e desmascarado, pois provavelmente ele será "curto" demais para descer a qualquer profundidade em todas as questões fundamentais da vida e também da vida futura. Já um homem que, ao contrário, possui profundidade tanto no seu espírito quanto nas suas cobiças, bem como aquela profundidade da benevolência, mostrando-se capaz do rigor e da dureza e sendo facilmente confundido com eles, este só pode pensar sobre a mulher de uma forma *oriental*, pois deve conceber a mulher como posse, como propriedade trancafiável, como algo predestinado à servidão e que nela alcança sua plenitude; ele deve se parear aí ao imenso discernimento da Ásia, ao instinto de superioridade da Ásia como outrora fizeram os gregos, esses melhores herdeiros e alunos da Ásia que, conforme se sabe, com o aumento da cultura e da abrangência da força desde Homero até os tempos de Péricles, também se tornaram passo a passo mais *rigorosos* e, em suma, mais orientais em relação à mulher. Quão necessário, lógico e mesmo humanamente desejável foi tudo isto: reflita sobre isso por um tempo!

239.

Em nenhuma outra época o sexo frágil foi tratado com tamanha atenção por parte dos homens como na nossa, pois isso é inerente à inclinação democrática e gosto básico, tal como o desrespeito à velhice. – É de se admirar que o imediato retorno a essa consideração resulta em abuso? Hoje há mais volição, pois as pessoas aprendem a exigir e achar aquele mero quinhão de atenção algo quase doentio; prefeririam a concorrência pelos direitos ou mesmo o confronto puro e simples: em resumo, a mulher perde vergonha. Acrescentemos logo que perde também o seu gosto. Ela desaprende a *temer* o homem, todavia essa mulher que "desaprende o temor" renuncia também ao seu instinto mais feminino. Parece bem evidente e compreensível a mulher exteriorizar sua ousadia caso o lado intimidador do homem ou, para falarmos mais claro, caso o *homem* nos homens não for mais desejado nem bem-cultivado; o que se compreende com mais dificuldade é que no processo – a mulher degenera. Tal coisa já acontece hoje, não se engane! Tão logo o espírito industrial prevaleça sobre o militar e aristocrático, em algum lugar a mulher se esforça pela autonomia econômica e legal de uma escriturária. E já se afixa o letreiro "a mulher como escriturária" nos portões da moderna sociedade em formação. Enquanto ela se apodera de tal maneira de novos direitos, tentando se tornar "senhor" e escrever sobre o "progresso" da mulher nas suas bandeiras e bandeirolas, ocorre com terrível clareza o inverso: *a mulher retrocede*. Desde a Revolução Francesa, a influência da mulher na Europa *diminuiu* na proporção em que aumentou seus direitos e pretensões; e a "emancipação da mulher", na medida em que é exigida e fomentada pelas próprias mulheres (e não apenas por cabeças ocas masculinas), se revela assim um singular sintoma do progressivo enfraquecimento e embotamento do mais feminino de todos os instintos. Há estupidez nesse movimento, uma estupidez quase masculina, da qual uma mulher saudável – que sempre é uma mulher sábia – se envergonharia profundamente. É perder o faro sobre com qual solo se chega mais seguramente à vitória; é negligenciar o exercício da sua verdadeira arte com as armas; é se deixar levar diante do homem, talvez mesmo "até do livro", onde antes se ministrava disciplina e humildade levemente maliciosa; é ir com virtuosa improcedência contra a fé do homem num ideal *encoberto* e profundamente diferente na mulher, contra algo eterna e necessariamente feminino; é dissuadir o homem de modo enfático e tagarela de que a mulher – tal como um animal doméstico mais delicado, de caprichos bravios, mas em geral afável – deve ser sustentada, cuidada e poupada; e quanto à desajeitada e indignada procura – que teve e ainda tem em si o referencial da posição das mulheres na ordem até agora prevalente da sociedade (como se a escravidão fosse um contra-argumento e não, ao contrário, uma condição de toda cultura mais elevada, de toda elevação da cultura) – o que significa tudo isto senão uma ruína do instinto feminino, uma perda de feminilidade? Por certo existem muitos amigos e corruptores de mulheres parvos entre os asnos eruditos do gênero masculino a aconselhar a mulher a abrir mão de sua feminilidade e a imitar toda a estupidez pelas quais o "homem" europeu faz adoecer a "virilidade" da Europa, talvez pretendendo até rebaixá-las à leitura de jornais e à política. Aqui e acolá chega-se a querer tornar as mulheres espíritos livres e literatas: como se uma mulher sem devoção não fosse algo totalmente repulsivo e ridículo para um homem profundo e ateu; quase em toda parte se corrompe os nervos femininos com os mais doentios e perigosos tipos de música (da nossa música alemã mais recente) e se leva a mulher à histeria diária e à inaptidão para sua primeira e última vocação: gerar crianças saudáveis. Há um generalizado desejo de que as mulheres sejam mais "cultivadas" e, como foi dito, de tornar o "sexo frágil" *forte* por meio da cultura: como se a história não ensinasse do modo mais convincente possível que o "cultivo" do ser humano e o enfraquecimento – ou seja, do enfraquecimento, da fragmentação e do adoecimento da força de vontade – sempre caminharam juntos, as mais poderosas e influentes mulheres do mundo (incluindo a mãe de Napoleão) devem justamente sua vontade de poder ao seu próprio poder e à sua predominância sobre os homens e, de modo algum, aos seus professores! Aquilo que infunde respeito e, com bastante frequência, medo da mulher é a sua *natureza,* bem mais "natural" do que a masculina, sua genuína flexibilidade de predadora astuta, suas garras de tigre sob luva, sua ingenuidade no egoísmo, sua impolidez e selvageria interna bem como a natureza incompreensível, vasta e errante das suas cobiças e virtudes – Aquilo que, mesmo de todo temor, causa dó dessa gata perigosa e bela chamada mulher é o fato de parecer mais sofredora, vulnerável, carente de amor e predestinada à decepção do que qualquer outro animal. Medo e compaixão: o homem encarou a mulher com estes sentimentos, sempre com um pé na tragédia que dilacera ao encantar. Como? Deve-se agora acabar com isto? Está em marcha o *desencantamento* da mulher? Emerge lentamente o enfado da mulher? Oh, Europa, Europa! Conhecemos o animal de chifres que sempre mais lhe atraiu e que também sempre volta a lhe pôr em perigo!*

---

*Referência ao mito grego de Europa, raptada por Zeus, que estava disfarçado de touro para não atrair a atenção de Hera, sua esposa ciumenta. (*N. do E.*)

Sua velha fábula poderia se tornar "história" de novo – de novo uma monstruosa estupidez poderia dominar você e lhe sequestrar! E sem qualquer deus oculto sob ela! Mas apenas como uma "ideia", uma "ideia moderna"!...

8
Povos e pátrias

240.

Ouvi, de novo pela primeira vez, a abertura de Wagner para *Mestres cantores*, pois essa é de fato uma arte magnífica, pródiga, densa e tardia a se orgulhar mais em pressupor dois séculos de música para sua compreensão do que em ainda viver. Honra os alemães esse orgulho justificado! Quantas poções e forças, quantas estações e meridianos não se misturaram aí! Isso nos parece ora arcaico, ora estranho, áspero e superjovem; isso é tão arbitrário quanto pomposamente convencional; isso não raro é maroto e, ainda mais frequentemente, rude e grosseiro; isso possui fogo e coragem e, ao mesmo tempo, a casca desbotada das frutas amadurecidas tarde demais. Isso flui larga e plenamente, mas, de súbito, vem um momento de inexplicável hesitação, por assim dizer uma lacuna que salta em meio a causa e efeito, uma pressão que nos faz sonhar, quase um pesadelo; todavia logo se alarga e amplia outra vez o velho rio da satisfação, da mais múltipla satisfação, da antiga e da nova alegria e, muitíssimo inclusa, a indisfarçável felicidade do artista consigo mesmo, seu conhecimento e maestria surpreendentemente felizes pelos métodos empregados, pelos seus recursos artísticos a pouco adquiridos e ainda não experimentados conforme ele parece nos revelar. E, de modo geral, nenhuma beleza, nenhum Sul, nenhuma meridiana e delicada claridade do céu, nenhuma graça, nenhuma dança, nenhuma vontade de lógica; e até uma certa grosseria a se salientar como se o artista quisesse nos dizer: "É intencional!"; uma pesada cortina, algo propositadamente bárbaro e festivo, um zumbido de eruditas e veneráveis preciosidades e culminâncias; algo bem alemão no melhor e pior sentido da palavra, algo multifacetado, informe e inesgotável ao modo alemão; uma certa potência e superabundância da alma alemã sem qualquer receio de se esconder sob o refinamento do declínio e que talvez só lá se sinta plenamente bem – um autêntico símbolo da alma alemã que, mesmo no futuro, será contraditória e simultaneamente jovem e envelhecida bem como superfrágil e pródiga. Esse tipo de música exprime da melhor maneira o que penso dos alemães: eles são do anteontem e do depois de amanhã – *eles não possuem qualquer hoje.*

241.

Nós, "bons europeus", também temos horas em que nos permitimos um caloroso patriotismo, uma deselegância e recaída no velho amor e estreiteza – e acabei de dar uma prova disso –, horas de efervescências nacionais, de angústias patrióticas e de todo tipo de outros surtos de sentimentos arcaicos. Espíritos mais lentos que nós só podem resolver em espaços de tempo mais longos aquilo entre nós limitado a horas e em horas resolvido ou com a metade da vida o que resolvemos com a metade de um ano, isso devido à rapidez e força com que digerem e metabolizam sua "mudança de matéria". Sim, eu poderia conceber raças apaticamente hesitantes as quais, na nossa acelerada Europa, precisariam de meio século para superar tais surtos atávicos de patriotismo e de colagem de cacos e assim retornar à razão, quer dizer, ao "bom europeísmo". E, enquanto divago sobre essa possibilidade, acabo me tornando em imaginação testemunha de uma conversa entre dois velhos "patriotas", os quais, por ouvirem evidentemente mal, tanto mais alto falavam: "*Ele* segue e sabe tanto de filosofia quanto um camponês ou um colegial, e portanto ainda é inocente", disse um dos interlocutores. "Mas em que isso importa hoje! É antes de tudo época de as massas jazerem massivamente sobre o ventre. E o mesmo se dá também *in politicis*.* Eles veem como 'grande' um estadista que lhes erija uma nova Torre de Babel, alguma imensidão de reino e de poder, pensando: que importa que nós, mais cautelosos e comedidos, não deixemos por ora as velhas crenças, foi apenas o grande pensamento que propiciou grandeza a uma ação e coisa. Suponha que um estadista levasse seu povo à condição de praticar uma 'grande política' para a qual este seja maldotado e malpreparado por natureza, forçando-o a sacrificar uma nova e questionável mediocridade por amor às suas antigas e mais seguras virtudes; suponha que esse estadista condenasse seu povo ao 'politizar' quando na verdade tinham algo melhor para fazer e pensar e, no fundo da sua alma, nunca tivessem se libertado de um cauteloso asco ante a inquietação, vazio e endiabradas contendas dos povos verdadeiramente politizados; suponha que um tal estadista insufle as adormecidas paixões e cobiças do seu povo, faça da renitente timidez e do prazer pela passividade desse povo uma mácula bem como do seu estrangeirismo e infinidades de princípios pátrios uma dívida, desvalorizando-lhe também suas tendências mais cordiais, mudando sua consciência, tornando seu espírito estreito, seu gosto 'nacional'... Como? Seria mesmo grande um estadista que fizesse tudo isso e a quem, no seio de qualquer futuro, o seu povo tivesse de se expiar, caso tenha tal futuro?" E o outro velho patriota lhe respondeu, veemente: "Sem dúvida! Do contrário não poderia fazê-lo! Por acaso seria

---

*Na política. (*N. do T.*)

tolice querer algo assim? Mas talvez toda grandeza fosse apenas algo tolo no começo!" E seu interlocutor lhe redarguiu, gritando: – "Mal uso das palavras! Ela será forte! Forte! Forte e tola! Mas *não* grande!" – E os dois homens haviam evidentemente se acalorado ao se encarar dessa maneira e gritar suas "verdades"; todavia eu, na minha felicidade e transcendência, ponderava quão breve alguém mais forte se tornará senhor sobre os fortes; e que também há uma compensação para o emaranhado espiritual de um povo, pelo aprofundamento de um outro, para dizê-lo de modo mais claro. –

242.

Agora se dá o nome de "civilização" ou de "humanização" ou de "progresso" àquilo que procura o enaltecimento dos europeus; por meio de uma fórmula política isenta de louvor ou censura, essa atitude é simplesmente chamada de *movimento democrático* da Europa: por trás de todas as fachadas morais e políticas usadas na apresentação de tais fórmulas, tem lugar um imenso processo *fisiológico* cada vez mais em curso – um processo de assemelhação entre os europeus, da sua crescente dissolução ante as condições sob as quais surgem raças vinculadas de modo climático e corporativo bem como da sua crescente independência de todo *milieu** definido que ao longo de séculos quis ser impresso em corpo e alma com as mesmas exigências. Ou seja, o lento aparecimento de um tipo de ser humano essencialmente supranacional e nômade que, fisiologicamente falando, possui o máximo de arte e força de adaptação como sua típica distinção. Trata-se desse processo do *europeu em formação*, o qual pode ser retardado por grandes recaídas de cadência, mas que talvez, justamente por isso, ganhe e cresça em

*Ambiente. (*N. do T.*)

veemência e profundidade – e daí provêm a tempestuosidade e o ímpeto ainda bravios do "sentimento nacional", assim como o anarquismo agora crescente – esse processo provavelmente culminará em resultados que seus ingênuos fomentadores e arautos, os apóstolos das "ideias modernas", dificilmente gostariam de imaginar. As mesmas condições novas sob as quais se desenvolverá uma compensação e nivelamento da mediocridade do homem, de um homem animal de rebanho – criatura laboriosa, versátil e hábil – serão também no mais alto grau condições mobilizadas para originar os homens excepcionais da mais perigosa e atraente qualidade. Isso enquanto essa força de adaptação – sempre a examinar as mudanças de condições e a começar um novo trabalho com todo gênero, quase contando os anos nos dedos – ainda não torna a potência do tipo efetivamente possível; enquanto a impressão coletiva sobre tais europeus futuros for provavelmente a dos trabalhadores tagarelas sobre tantas coisas, pessoas de vontade fraca e extremamente requisitáveis, criaturas tão *necessitadas* de senhores e comandantes quanto do pão diário; portanto, enquanto a democratização da Europa rumar para a geração de um tipo preparado nos sentidos mais sutis para a *escravidão*, tal conjuntura também propiciará que, em casos próprios e excepcionais, o homem *forte* se torne mais forte e mais rico do que talvez jamais tenha sido, graças à inexistência de preconceitos na sua formação, graças à imensa diversidade de prática, arte e máscara. E eu ainda desejaria dizer: a democratização da Europa representa ao mesmo tempo uma cerimônia involuntária para a criação de *tiranos* – compreendendo-se esta palavra em todos os sentidos, incluindo o mais espiritual.

243.

Ouço com prazer a afirmativa de que nosso sol se acha em rápida trajetória rumo à constelação de *Hércules*: e espero que o homem nesta Terra proceda igual ao sol. E conosco à frente, nós, bons europeus! –

244.

Houve um tempo em que era costumeiro atribuir aos alemães a distinção de "profundo", porém, agora que o tipo mais exitoso de novo germanismo ambiciona honras totalmente diferentes e em tudo o que possui profundidade talvez falte a "bravura", surge a dúvida quase patriótica inerente ao tempo a questionar se aquele louvor de outrora não foi um equívoco; se a profundidade alemã não é no fundo algo diferente e pior – também algo que, Deus seja louvado, se está a ponto de descartar com sucesso. Tentemos, portanto, reaprender o que é inerente à profundidade alemã, pois para tanto nada mais se necessita além de um pouco de vivissecção da alma alemã, que é, antes de tudo, multifacetada, proveniente de diferentes origens, e mais um resultado de um ajuntamento e sobreposição do que de uma construção real: isso já na sua origem. E um alemão que ousasse afirmar "ah, duas almas moram no meu peito!"* cometeria amargo equívoco para com a verdade ao não perceber melhor quantas almas ainda faltam para que seja verdade. Como um povo da mais imensa mistura e comoção conjunta de raças, talvez até com uma predominância de elementos pré-arianos – como o "povo do meio" em todos os sentidos, os alemães são mais inconcebíveis, abrangentes, contraditórios, desconhecidos, imprevisíveis, surpreendentes, e mesmo mais terríveis do que outros povos para si mesmos: – eles escapam da *definição*, para desespero dos franceses. É marca dos alemães o fato de a pergunta "o que é alemão?" nunca cessar. Kotzebue** certamente conhecia bem seus alemães: "Nós

*Verso da segunda cena de *Fausto*. (*N. do E.*)

**August von Kotzebue, dramaturgo alemão. (*N. do T.*)

somos conhecidos", gritavam-lhe em aplauso. – Mas *Sand** também acreditava conhecê-los. Jean-Paul sabia o que fazia ao se declarar irritado com as lisonjas e exageros mentirosos mas patrióticos de Fichte. Contudo, parece provável que Goethe pensasse sobre os alemães de forma diferente de Jean-Paul ainda que lhe desse razão em relação a Fichte. Afinal o que Goethe *realmente* pensou sobre os alemães? Mas ele nunca falou de modo claro sobre muitas coisas em torno de si, e ao longo da vida manteve-se em sereno silêncio. Provavelmente tinha bons motivos. Por certo não foram as "Guerras de Libertação"** que lhe tornaram o olhar mais amigável, tampouco a Revolução Francesa; o acontecimento que o levou a repensar seu *Fausto*, e mesmo todo o problema "homem" foi o surgimento de Napoleão. Existem palavras de Goethe em que ele discorre como alguém vindo do estrangeiro, com impaciente dureza sobre aquilo de que os alemães se orgulham: certa vez ele definiu o célebre ânimo (*Germüt*) alemão como "indulgência para com fraquezas estranhas e para com as próprias". Estaria ele equivocado? Uma das peculiaridades dos alemães é o fato de que raras vezes se equivocam completamente a respeito deles. A alma alemã possui em si caminhos e trilhas intermediárias; nela há cavernas, esconderijos, castelos, calabouços; sua desordem possui muito do encanto do misterioso; o alemão entende bem a si nos rodeios para o caos. E assim como qualquer coisa ama a sua parábola, também o alemão ama as nuvens e tudo o que for turvo, mutante, crepuscular, úmido e infligido, já que considera "profundo" o que for incerto, desconfigurado, protelador de si e de alguma maneira crescente. A própria condição de ser alemão não é algo *inato*, pois o alemão *se torna* alemão, ele "se desenvolve". O "desenvolvimento" é por isso a verdadeira descoberta e realização alemã no grande reino das fórmulas filosóficas, ou seja, um conceito regente que, coligado

*Karl Sand, estudante que assassinou Kotzebue. (*N. do T.*)

**As guerras de 1813-15 contra Napoleão. (*N. do T.*)

à cerveja alemã e à música alemã, trabalha para germanizar toda a Europa. Os estrangeiros se detêm surpresos e atraídos diante dos enigmas a eles apresentados pela natureza contraditória no fundo da alma alemã (a qual Hegel sistematizou e Richard Wagner afinal colocou na música). "De boa índole e pérfido" – Uma tal coexistência, absurda em relação a qualquer outro povo, infelizmente se justifica com muitíssima frequência na Alemanha: só se consegue viver algum tempo entre os sábios! A lentidão dos eruditos alemães, sua banalidade social pactua apavorantemente bem com um equilibrismo interno e ousadia fácil que todos os deuses já aprenderam a temer. Caso se queira apresentar a "alma alemã" *ad oculos** basta observar o gosto alemão, a cozinha e costumes alemães: que indiferença campesina para com o "gosto"! Como coexistem ali o mais nobre e o mais vulgar! Quão desordeiro e rico é todo esse dia a dia da alma! O alemão se *arrasta* com sua alma; ele se arrasta em tudo o que vivencia. Ele digere suas experiências com dificuldade, ele nunca se "alivia" delas; a profundidade alemã em geral é apenas uma "digestão" difícil e hesitante. E, como todos os doentes crônicos, todos os dispépticos têm inclinação ao conforto, daí o alemão ama a "franqueza" e a "retidão". Quão *confortável* é ser franco e reto! Essa confiança, reciprocidade, essas cartas na mesa da *honestidade* alemã talvez seja hoje o mais perigoso e eficiente disfarce ao alcance da compreensão alemã: é a sua verdadeira arte mefistofélica, pois com ela pode-se "ir ainda mais longe"! O alemão se deixa levar, ademais fica a encarar com aqueles olhos alemães tão fiéis, azuis e vazios – E logo o estrangeiro o confunde com o seu pijama! – E eu gostaria de dizer: se a "profundidade alemã" pudesse ser o que deseja ser e porventura não nos permitiríamos, bem entre nós, rir dela? – faríamos bem em também seguir honrando sua aparência e seus bons nomes, sem exteriorizar facilmente nossa velha fama

---

*Aos olhos. (*N. do T.*)

de povo do meio ante a "bravura" prussiana e o gracejo e a areia berlinenses. É esperteza da parte de um povo se fazer passar por profundo, desajeitado, alegre, imprudente. Isso até poderia revelar – Profundidade! E para concluir: deve-se honrar os próprios nomes. Não por acaso se chama o povo "tiusche"* de o povo do engano...

245.

Os "bons e velhos" tempos já se foram; suas canções se encerraram em Mozart. – Quão felizes somos por seu rococó ainda falar a nós, por sua "boa sociedade", por seu terno esvoaçar, por sua alegria pueril em chinesices e floreios, por sua cortesia de coração, por sua ânsia pelo ornamento, por sua amorosidade, dança, lágrimas abençoadas, por sua crença nos pecados provocar ainda um *resto* de apelo em nós! Oh, em algum tempo também isso vai passar! – Mas quem poderia duvidar que ainda mais cedo acabaria o entendimento e a apreciação de Beethoven?! – Ele que efetivamente só foi o ato final de uma transição de estilo e ruptura de estilo, e não consumação de um grande e secular gosto europeu, como Mozart. Beethoven representa o acontecimento intermediário entre uma velha e alquebrada alma sempre a se dilacerar e uma futura alma superjovem *sempre a chegar*; sobre sua música há aquela luz crepuscular entre o eterno perder e o eterno e desmedido esperar; a mesma luz em que hoje a Europa está banhada como quando Rousseau sonhara, quando dançou em torno da árvore da liberdade da revolução e quase terminou por Napoleão. Mas quão rápido este sentimento esmaece agora, quão difícil é *conhecer* este sentimento nos dias de hoje; quão estrangeira soa aos nossos ouvidos as linguagens de Rousseau, Schiller, Shelley, Byron; estes homens em quem, coletivamente, o mesmo destino europeu

*O povo teutônico. (*N. do T.*)

que, em Beethoven, sabia cantar encontrou o caminho das palavras! – O que surgiu depois em termos de música alemã pertence ao Romantismo, isto é, a um movimento historicamente mais breve, fugidio e superficial, como foi aquele grande entreato, aquela grande transição europeia de Rousseau para Napoleão e a chegada da democracia. Weber: o que significam para nós hoje suas *Freischütz* e *Oberon*?! Ou *Hans Heilling* e o *Vampiro* de Marchner? Ou mesmo a *Tannhäuser* de Wagner?! Essa música se foi, se não, esquecida. Ademais, toda essa música do Romantismo não foi nobre o bastante, nem música o bastante para se sustentar noutro lugar que não o teatro e à frente da multidão; ela foi de antemão música de segunda categoria e algo pouco considerado entre verdadeiros músicos. Isso não se aplica a Felix Mendselssohn, aquele mestre alciônico que, devido à sua alma mais leve, pura e alegre, foi tão rapidamente honrado quanto rapidamente esquecido, como um adorável *incidente* da música alemã. Quanto a Robert Schumann, que levava tudo muito a sério e que foi recebido com seriedade desde o começo – foi o último a fundar uma escola; a superação desse romantismo de Schumann não nos parece hoje uma felicidade, um alívio, uma libertação? Refiro-me àquele Schumann, refugiado na "Suíça saxônica" de sua alma, meio Werther, meio Jean-Paul, mas por certo nada Beethoven! E certamente de modo algum Byron! – Sua música *Manfred* é um equívoco e mal-entendido até a inconveniência – Schumann com o seu gosto que, no fundo, era um gosto *menor* (mais precisamente uma inclinação perigosa, e entre os alemães duplamente perigosa, para a lírica calma e para a embriaguez do sentimento), Schumann sempre a caminhar ao lado fazendo caretas e puxando para trás com timidez, um nobre maricas a se regozijar de alegria e da dor em pleno anonimato, uma espécie de moça e de *noli me tangere** desde

*Não me toque. (*N. do T.*)

o começo. Esse Schumman representou apenas um acontecimento *alemão* na música e não uma realidade europeia como foi Beethoven e como tem sido Mozart, numa medida mais ampla já que com ele a música alemã passou pelo seu maior perigo: o de perder *a voz da alma da Europa* e imergir numa mera patriotice.

246.

– Que martírio são os livros escritos em alemão para quem tem um *terceiro* ouvido! Quão irritado este permanece próximo do brejo de notas desafinadas, de ritmos sem dança a se contorcer lentamente que, entre os alemães, são chamados de "livro"! E o alemão que *lê* livros! Como é um leitor preguiçoso, relutante e relapso! Quantos alemães sabem, e exigem de si saber, que a *arte* se faz presente em toda frase de qualidade – arte esta que deseja ser percebida à medida que a frase quer ser compreendida! Caso ocorra, por exemplo, um mal-entendido quanto à sua cadência, a própria frase também é malcompreendida! Portanto, quanto às sílabas rítmicas decisivas, não deveria haver dúvidas sobre como quebrar a rigorosíssima simetria quando assim se desejasse e se sentisse encanto com isso, de maneira que cada *staccato*, cada *rubato* alcançasse um ouvido delicadamente paciente, da maneira que se decifrasse o sentido na sequência de vogais e ditongos, e quão terna e ricamente eles podem se matizar e rematizar ao se suceder: quem entre os alemães leitores de livros tem boa vontade o bastante para reconhecer tais deveres e exigências e discernir tanta arte e intencionalidade na língua? No final falta justamente "o ouvido próprio para isso", daí a incapacidade do ouvido em diferenciar os mais fortes contrastes de estilo, e a parte mais refinada da arte é jogada às moscas. – Estas foram minhas reflexões quando percebi quão grosseira e inconscientemente se fazia confusão entre dois mestres da arte da prosa. Um deles é alguém cujas palavras gotejam hesitantes e frias como a cair do alto de uma caverna úmida. É alguém que conta com seu acorde surdo e o eco – já o outro maneja sua língua como espada flexível e sente de cima a baixo a perigosa felicidade dos acordes trêmulos e afiadíssimos a qual quer morder, sibilar, cortar. –

247.

O fato de justamente nossos melhores músicos escreverem mal evidencia quão pouco o estilo alemão tem a ver com os acordes e com os ouvidos. O alemão não lê alto, nem para os ouvidos, mas apenas com os olhos: guardou seus ouvidos na gaveta. O homem da Antiguidade lia, quando lia – pois isso acontecia bem raramente –, o fazia em voz alta, também para si mesmo; causava espanto caso alguém lesse em voz baixa, e então se questionava em segredo quais seriam os motivos. Em voz alta: significa fazê-lo com todas as ênfases, flexões e contextualizações do tom e da mudança de cadência de que: o mundo *público* da Antiguidade tinha a sua alegria. As leis do estilo de escrita eram então as mesmas da oratória; e as referidas leis dependiam em parte da surpreendente instrução, bem como das refinadas necessidades do ouvido e da laringe, e em outra parte da força, duração e capacidade aeróbicas dos antigos pulmões. Um período é, na acepção dos antigos, antes de tudo uma totalidade fisiológica na medida em que é resumido a uma tomada de fôlego. Tais períodos elevam o tom duas vezes e também o baixam duas vezes como, por exemplo, em Demóstenes e Cícero, e tudo isso em um único fôlego: estes eram prazeres para os antigos, os quais, a partir da sua própria formação, sabiam avaliar a medida de virtude da raridade e dificuldade na articulação de um tal período. – *Nós* não temos mesmo qualquer direito aos *grandes* períodos, nós, pessoas modernas, nós, os de fôlego curto em todos os sentidos! Todos esses antigos foram diletantes até no discurso, daí conhecedores, daí críticos. Assim levavam seus interlocutores à exteriorização máxima; da mesma maneira que nos séculos passados, quando todos os italianos e italianas sabiam cantar, o virtuosismo do canto (e com isso também a arte da melódica) chegaria ao ápice. Contudo só houve de fato na Alemanha um gênero de retórica pública e vagamente artística (e isso até no tempo mais recente, onde uma espécie de eloquência de tribunas bate suas jovens asas de modo bastante tímido e desajeitado): vinha do púlpito. Na Alemanha apenas o pregador soube o quanto pesa uma sílaba, uma palavra, bem como quanto uma frase golpeia, salta, se precipita, desembesta, escoa; só ele tinha consciência nos seus ouvidos e, com bastante frequência, uma má consciência, pois motivos não faltam para que justamente um alemão alcance uma proficiência rara no discurso e quase sempre tarde demais. A obra de mestre da prosa alemã é justificadamente a obra de mestre dos seus maiores pregadores: a *Bíblia* foi até agora o melhor livro alemão. Em confronto com a Bíblia de Lutero quase tudo o mais não passa de "literatura"– algo que não cresceu na Alemanha e assim também não cresceu nem cresce dentro do coração alemão conforme logrou a Bíblia.

248.

Existem dois tipos de gênio: um que, antes de tudo, fecunda e deseja fecundar; e outro que, de bom grado, se deixa fecundar e dar à luz. E entre os povos de gênio, existem aqueles sensíveis à questão feminina da gravidez e de secreta missão da concepção, desenvolvimento e parto – os gregos, por exemplo, foram um povo desse tipo, assim como os franceses –; e outros há que devem fecundar e se tornar as causas de novos ordenamentos da vida, tais como os judeus, os romanos e, perguntando com toda a modéstia, também os alemães? Povos estes atormentados e arrebatados por febres desconhecidas, daí irresistivelmente forçados a sair de si mesmos, apaixonados e ávidos por estranhas raças (por aquelas que se "deixam fecundar" –) e assim despóticos como tudo o que se sabe pleno de força geradora e consequentemente "da misericórdia de Deus". Esses dois tipos de gênio se procuraram tal como homem e mulher; contudo também compreendem mal um ao outro – tal como homem e mulher.

249.

Cada povo possui sua própria tartufice, e a chama de suas virtudes. – Desconhece o que possui de melhor – não pode conhecê-lo.

250.

O que a Europa deve aos judeus? Muitas coisas, tanto as boas quanto as más, e antes de tudo, algo que representa ao mesmo tempo o melhor e o pior: a grandiosidade de estilo na moral, o horror e a majestade de infindáveis exigências, de infindáveis significações, bem como todo o romantismo e sublimidade dos questionamentos morais – e, consequentemente a parte mais atraente, capciosa e seleta daqueles jogos de cores e tentações da vida, em cujo fulgor arde – ou talvez até se apague – o céu crepuscular da nossa atual cultura europeia. Nós, artistas entre os espectadores e filósofos, somos agradecidos aos judeus por isso.

251.

É preciso aceitar quando sobre um povo que sofre e *deseja* sofrer de febre nervosa nacionalista e de ambições políticas paire algumas nuvens e perturbações, em suma, se permita pequenos ataques de estupidez. Este é, por exemplo, o caso dos alemães de hoje, com sua estupidez antifrancesa em um momento, antijudaica em outro, depois antipolaca, cristã-romântica, wagneriana, teutônica, prussiana (basta observar esses pobres historiadores, esses Sybel e Treitschke e suas cabeças estreitamente unidas), e como mais possam se chamar todas essas pequenas obscuridades do espírito e da consciência alemães. Que me perdoem por também não ter sido totalmente poupado dessa doença, após curta e arriscada estadia em territórios tão contaminados e, como é hábito, ter começado então a pensar sobre coisas que em nada me dizem respeito: primeiro sintoma da infecção política. Sobre os judeus, por exemplo: apenas ouçam. – Ainda não encontrei qualquer alemão que mostrasse simpatia por eles; e por mais incondicional que possa ser a rejeição ao verdadeiro antissemitismo por parte de todos os prudentes e políticos, ainda assim essa cautela e política provavelmente não se voltam contra o gênero do sentimento em si, mas apenas contra sua perigosa inconveniência, e de modo especial contra a expressão imprópria e vergonhosa desse sentimento inconveniente – não deve haver equívocos quanto a isto. O fato de a Alemanha ter *bastantes* judeus e do estômago e sangue alemães necessitarem também de tempo (e ainda necessitarão por longo período) até para assimilar esse *quantum* judeu – assim como os italianos, franceses e ingleses já realizaram tal assimilação devido a uma digestão mais vigorosa –, isto representa claro testemunho e linguagem de um instinto generalizado a se ouvir e a se agir em conformidade. "Não deixar mais entrar judeu algum! E trancar sobretudo os portões para o Oriente (e também para a Áustria)!" – Assim manda o instinto de um povo cuja cepa ainda é fraca, indefinida e portanto se confunde com facilidade e facilmente poderia ser extinto por uma raça mais forte. Mas sem qualquer dúvida os judeus são a raça mais forte, tenaz e pura que vive hoje na Europa; eles sabem se impor mesmo sob as piores condições (e até melhor do que sob as favoráveis), devido a algumas virtudes que hoje bem se desejaria taxar de vícios, ou seja, graças antes de tudo a uma resoluta fé que não precisa se envergonhar ante as "ideias modernas"; eles se transformam, quando se transformam, apenas sempre do mesmo modo como o Império Russo faz suas conquistas, isto é, como um império que dispõe de tempo e é flexível através do princípio "tão devagar quanto o possível". Um pensador que sinta o futuro da Europa sobre sua consciência deverá levar em conta tanto os judeus quanto os russos na elaboração de todos os seus projetos sobre tal futuro, considerando-os como os primeiros fatores mais seguros e prováveis no grande jogo e luta das forças. Aquilo que hoje recebe o nome de "nação" na Europa e, na verdade, é mais uma *res facta** do que uma coisa *nata* – sim, às vezes semelhante ao ponto da confusão com uma *res ficta et picta*** –, também é em qualquer caso algo em formação, algo jovem, facilmente removível, ainda longe de se afirmar como raça e mais ainda de se impor como *aere perennius*,*** como é a cepa judia: essas "nações" deveriam efetivamente se precaver contra qualquer concorrência e hostilidade estouvadas! Por certo os judeus *já poderiam* ter – caso quisessem ou se os forçasse a isso, como parecem querer os antissemitas – a preponderância ou, falando de modo bem explícito, o predomínio sobre a Europa, bem como é igualmente fato que eles *não* trabalham e tampouco fazem planos para isso. Todavia por enquanto eles querem e aspiram, até com alguma impertinência, ser sugados e absorvidos pela Europa; eles anseiam por serem afinal considerados fixos, legalizados e respeitados em algum lugar e assim pôr um fim à vida nômade, ao "judeu errante"**** e deveriam ser considerados com bons olhos essa marcha e impulso (que talvez até expresse uma suavização dos instintos judaicos) e ir ao encon-

---

*Coisa fabricada. (*N. do T.*)

**Coisa fictícia pintada. (*N. do T.*)

***Mais duradouro do que o bronze. (*N. do T.*)

****Figura mítica, condenada a vagar até o dia do Juízo Final, por ter ofendido Cristo no dia da Crucificação. (*N. do T.*)

tro dela. E para tanto talvez fosse útil e justo expulsar os agitadores antissemitas do país. Ir ao encontro com toda cautela e critério; num procedimento semelhante ao da nobreza inglesa. Obviamente os tipos mais irrefletidos – ainda os mais fortes e já bem-definidos do novo germanismo – poderiam interagir com os judeus, por exemplo, por meio dos oficiais nobres desse movimento. Seria de múltiplo interesse observar se a partir da hereditária arte do mandar e do obedecer – e em ambas o referido país é hoje exemplo clássico – a genialidade com o dinheiro e a paciência (e antes de tudo algum espírito e espiritualidade tão plenamente ausentes em tal lugar) não se deixariam incorporar e aprimorar. Contudo convém interromper aqui o discurso da minha alegre apologia ao germanismo, pois já toco em algo que levo muito a *sério*, ou seja, no "problema europeu" tal como eu o entendo no que se refere à criação de uma nova casta governante sobre a Europa.

252.

Esses ingleses... Não são de modo algum uma raça com dotes filosóficos: Bacon representa um *ataque* ao espírito filosófico, assim como Hobbes, Hume e Locke representam um rebaixamento e desvalorização do conceito "filósofo" por mais de um século. Kant se sublevou e posicionou-se *contra* Hume; Locke foi aquele de quem Schelling teria de afirmar: *"Je méprise Locke"*;* até Hegel e Schopenhauer, esses dois antagônicos irmãos gênios da filosofia a lutar entre si rumo a polos opostos do espírito alemão e assim a se injustiçar como só mesmo os irmãos se injustiçam, estiveram de acordo (juntamente com Goethe) na luta contra a imbecilização anglomecanicista do mundo. – O que falta e sempre faltou à Inglaterra é coisa bastante conhecida por aquela natureza meio atriz e meio retórica,

*Eu desprezo Locke. (*N. do T.*)

aquela cabeça insipidamente confusa chamada Carlyle que, sob caretas apaixonadas, procurava ocultar o que sabia sobre si: o mesmo que *faltava* em Carlyle – verdadeira *potência* da espiritualidade, verdadeira *profundidade* do olhar espiritual e, resumindo: filosofia. O rigoroso seguimento do cristianismo é típica característica de uma tal raça antifilosófica: necessitam daquela disciplina para a "moralização" e prosseguimento da humanização. O inglês – mais sombrio, sensual, decidido e mais brutal do que o alemão – justo por ser o mais vulgar entre os dois é também mais devoto: ele precisa ainda mais do cristianismo. Para as narinas mais apuradas até esse cristianismo inglês emana um autêntico resquício inglês de *spleen* e excesso alcoólico, e contra o qual é usado por bons motivos como panaceia, isto é, como o veneno mais delicado ministrado contra o mais grosseiro: a bem do fato, um envenenamento mais suave dos povos rudes já está em curso como estágio para a espiritualização. A grosseria e seriedade campônia inglesas são revestidas de modo mais suportável ou, mais precisamente, expostas e reinterpretadas, pela pantomima cristã, bem como pela oração e cântico de salmos; e para aquele gado composto por bêbados e dissolutos, que outrora aprendeu a grunhir de modo moral sob a violência do metodismo e recentemente volta a fazê-lo como "exército da salvação", um espasmo expiatório poderia de fato ser o relativo desempenho máximo da "humanidade" à qual ele pode ser alçado: assim seria possível confessar muita coisa. O que todavia ofende também até no inglês mais humano é a sua deficiência musical. Falando em parábola (e sem parábola): nos movimentos da sua alma e do seu corpo ele não possui qualquer ritmo e dança; sim, nem sequer a cobiça por ritmo e dança, por "música". Ouça ele falar; observe as mais belas inglesas a caminhar – em nação alguma da Terra existem pombas e cisnes mais belos –, e por fim: ouça-as cantando! Mas estou exigindo demais...

253.

Há verdades que devem ser mais bem-conhecidas por mentes medíocres, por serem mais adequadas a elas; há verdades que só possuem encantos e poder de sedução para espíritos medíocres. A esta constatação talvez desagradável, nos sentimos impelidos rumo a ingleses respeitáveis, todavia ainda medianos, agora exitosos em se alçar à preponderância na região média do gosto europeu. Refiro-me a Darwin, John Stuart Mill e Herbert Spencer. De fato, quem poderia questionar a utilidade de que *tais espíritos* prevaleçam temporariamente? Seria equívoco considerar justamente os espíritos mais seletos e apartados para o voo como possuidores de habilidade especial para averiguar, abranger e resolver muitos fatos pequenos e comuns: na sua condição de exceções, eles se acham, ao contrário, em posição desfavorável diante das "regras". Afinal, eles têm mais o que fazer além de apenas tomar conhecimento dessas coisas, pois devem *ser* algo novo, *significar* algo novo e *representar* novos valores! Talvez o abismo entre o saber e o poder seja maior e também mais sinistro do que se imagina, pois aquele que pode em grande estilo, aquele que cria possivelmente deverá ser um ignorante, ao passo que, por outro lado, uma certa estreiteza, sequidão e sossego diligente, enfim, algo bem inglês, não pode ser maldisponibilizado para descobertas científicas à maneira de Darwin. Que não se esqueça por fim dos ingleses que, com sua profunda mediania causaram certa vez uma depressão coletiva no espírito europeu: isso que se dá o nome de "ideias modernas" ou de "ideias dos século XVIII" ou ainda de "ideias francesas", isso portanto contra o que o espírito alemão se ergueu com profundo asco, isso foi algo de origem inglesa, não cabe qualquer dúvida. Os franceses não foram apenas macacos e atores dessas ideias, como também seus melhores soldados, assim como infelizmente suas primeiras e mais graves vítimas, pois na condenável anglomania das "ideias modernas" a *âme française** acabou se tornando tão magra e depauperada ao ponto de hoje se recordar quase com descrença dos seus séculos XVI e XVII, da sua profunda e apaixonada força e da sua nobreza criativa. Contudo, deve-se segurar esta afirmativa de justiça histórica com os dentes e se defender do momento das aparências já que a *noblesse* europeia – seja do sentimento, do gosto, dos costumes e, enfim, da palavra tomada em todo o sentido elevado – é obra e criação da *França*; já a vulgaridade europeia e o plebeísmo das ideias modernas – da *Inglaterra*.

254.

A França ainda é a sede da cultura mais espiritual e refinada da Europa e também a alta escola do bom gosto, contudo deve-se saber encontrar aquela "França do bom gosto". Quem pertence a ela se mantém bem oculto – e pode ser pequeno o número daqueles que vivem à sua maneira, ademais estas talvez sejam pessoas que não se mantêm sobre as pernas mais fortes, isto é, pessoas em parte fatalistas, obscurecidas, doentes e em parte mimadas e afetadas movidas pela *ambição* de se ocultarem. Todas possuem algo em comum: tampam os ouvidos para a furiosa estupidez e o burburinho do *bourgeois* democrático. A bem do fato, uma França estupidificada e enrudecida volteia hoje no primeiro plano, após festejar recentemente uma verdadeira orgia de mau gosto e ao mesmo tempo de autoadmiração no funeral de Victor Hugo. Elas também possuem outra coisa em comum: um grande desejo de se defender da germanização espiritual... E uma incapacidade ainda maior para tanto! Talvez Schopenhauer se sinta em casa agora e tenha se tornado mais estabelecido nessa França do espírito, que também é uma França do pessimismo, do que ele

*Alma francesa. (*N. do T.*)

jamais o foi na Alemanha; isso para não falar de Heinrich Heine, que já entrou na carne e no sangue dos mais refinados, pretensiosos e exigentes líricos de Paris, ou de Hegel que hoje, na figura de Taine – o primeiro historiador vivo –, exerce uma influência quase tirânica. Porém, no tangente a Richard Wagner, cabe observar que, quanto mais a música francesa aprende a se configurar segundo as necessidades reais da *âme** moderna, tanto mais ela se "wagneriza", e isso convém predizer – pois está acontecendo agora! Entretanto há três coisas que até hoje os franceses podem apresentar com orgulho como sua herança, peculiaridade e indelével característica de uma antiga superioridade cultural sobre a Europa, não obstante toda germanização voluntária ou involuntária e rebaixamento plebeu do bom gosto. O primeiro elemento dessa trindade consiste na aptidão para as paixões artísticas, para as devoções à "forma" para as quais foi criada, junto com mil outras, a expressão *l'art pour l'art.*** Há três séculos não faltam na França coisas desse gênero, e graças ao respeito com o "pequeno número", torna possível uma espécie de música de câmara da literatura que não se encontra no resto da Europa. – O segundo elemento sobre o qual os franceses podem fundamentar uma superioridade sobre a Europa é a sua velha e múltipla cultura *moral* que propicia o encontro, até em pequenos *romanciers**** de jornais e eventuais *boulevardiers***** de uma sensibilidade e curiosidade psicológicas das quais, por exemplo, não se possui qualquer noção na Alemanha (e muito menos as referidas características!). Ademais, os alemães carecem de um par de séculos de cunho moralista dos quais, conforme foi dito, a França não se privou; quem chama portanto os alemães de "ingênuos" acaba lhes fazendo um louvor a partir de uma deficiência. (Henri Beyle poderia servir como contraponto à

*Alma. (*N. do E.*)

**Arte pela arte. (*N. do E.*)

***Romancistas. (*N. do T.*)

****Frequentadores dos locais mais requisitados de Paris. (*N. do T.*)

inexperiência e inocência alemã no *voluptate psychologica** – não muito distantemente aparentado ao tédio na interação entre os alemães –, e também como mais exitosa expressão de curiosidade e engenhosidade autenticamente francesas para este reino de suaves calafrios. Beyle, aquele homem singular, futurista e precursor que – com uma cadência napoleônica – correu através da *sua* Europa, por vários séculos da alma europeia, como um rastreador e descobridor dessa alma. – Foram necessárias duas gerações para *alcançá-lo*, para decifrar alguns dos enigmas que martirizavam e encantavam este epicurista maravilhoso, este ser enigmático e último grande psicólogo da França –.) E há ainda uma terceira pretensão à superioridade: na índole dos franceses houve uma síntese parcialmente exitosa entre o Norte e o Sul que os leva a compreender muitas coisas e a fazer outras que um inglês jamais compreenderá; seu temperamento periódico, ora voltado ao Sul e ora distanciado dele, que de tempos em tempos fervilha tanto o sangue provençal quanto o ligúrio, os protege do terrível pessimismo nórdico e de sua fantasmagoria conceitual carente de sol e anemia, isto é, da nossa doença *alemã* do gosto, contra cujos excessos se prescreveu imediata e resolutamente sangue e ferro, quer dizer, a "grande política" (conforme uma perigosa arte da cura que aprendi a esperar e esperar, mas não a esperança). Mesmo agora ainda há na França uma proposição para o entendimento e o acolhimento para aquelas pessoas mais raras e raramente satisfeitas que se revelam abrangentes demais para encontrar seu contentamento em qualquer patriotismo, aqueles que no Norte sabem amar o Sul e, no Sul, o Norte. Para esses mediterrâneos natos, os "bons europeus", Bizet compôs música. Ele, esse último gênio a visualizar uma nova beleza e sedução, a descobrir um pedaço do *Sul da música*.

*Prazer psicológico. (*N. do T.*)

255.

Em relação à música alemã, acho aconselhável muita cautela. E supondo que haja alguém que ame o Sul como eu amo, como uma grande escola da convalescença no sentido mais espiritual e sensual, como uma irreprimível plenitude e transfiguração solar a se estender sobre uma existência autônoma e confiante em si: bem, esse alguém aprenderá a proceder com certa cautela ante a música alemã porque esta, ao corromper o seu gosto, corrompe-lhe também a saúde. Um tal homem do Sul, não por origem e sim por *crença*, deve sonhar também com um escape da música do Norte, caso sonhe com o futuro da própria música, e deve já ter em seus ouvidos o prelúdio de uma música mais profunda, poderosa, e talvez também mais má e misteriosa, de uma música supra-alemã, que não desafine, amarele e empalideça ante a vista do voluptuoso mar azul e da claridade celeste mediterrânea, como faz toda música alemã, ou seja, de uma música mais do que europeia que sustente suas prerrogativas mesmo ante o marrom poente do deserto, cuja alma seja semelhante às palmeiras e que saiba se sentir em casa e vagar entre grandes e belos predadores solitários... Eu poderia conceber uma música cuja magia mais rara consistisse em nada mais saber sobre bem e mal e que apenas saísse talvez a correr sem rumo devido a alguma nostalgia de navegante, devido a alguma sombra dourada e delicadas fraquezas: uma arte que, de grande distância, visse fugir rumo a ela as cores de um mundo moral em ocaso e já quase incompreensível, e que fosse hospitaleira e profunda o bastante para a acolhida de tais fugitivos tardios. –

256.

Graças à doentia alienação que a demência do nacionalismo semeou e ainda semeia entre os povos da Europa, graças igualmente aos políticos de visão curta e de mão rápida, hoje no topo com a ajuda dessa instância e que de modo algum imaginam o quanto a política de mútua dissolução por eles praticada é necessariamente uma política de transição – graças a tudo isso e a muitas coisas mais, hoje de todo impronunciáveis, são desconsiderados ou mesmo arbitrária e mentirosamente reinterpretados os mais inequívocos sinais nos quais se expressa o desejo de que a Europa *quer se unificar.* A efetiva direção conjunta entre todas as pessoas mais profundas e abrangentes deste século no misterioso trabalho de sua alma foi preparar o caminho para essa nova *síntese* e tentar antecipar o futuro aos europeus: pois apenas em suas fachadas ou nas horas mais fracas, talvez na velhice, eles representaram as respectivas "pátrias". Eles apenas descansavam de si mesmos quando se tornaram "patriotas". Penso em homens como Napoleão, Goethe, Beethoven, Stendhal, Heinrich Heine e Schopenhauer, esperando não ser levado a mal caso também inclua Richard Wagner entre eles, pois não se deve deixar seduzir pelos equívocos por ele próprio cometidos – gênios do seu quilate raramente têm o direito de compreender a si mesmos. E certamente não se deve deixar seduzir pela mal-educada algazarra com que agora se rejeita e restringe-se Richard Wagner na França – apesar disso, permanece o fato de que o *tardio romantismo francês* dos anos 1840 e Richard Wagner possuem mútua inerência no sentido mais estreito e íntimo. Eles se relacionam de modo fundamental em todas as alturas e profundidades de suas necessidades: visam a Europa, a Europa *coesa*, cuja alma urge e anseia pelo mais além, pelo superior com sua arte multifacetada e impetuosa – mas para onde? Para uma nova luz? Rumo a um novo sol? Contudo, quem desejaria expressar com exatidão aquilo que esses mestres dos novos meios de linguagem não souberam expressar claramente? Por certo, a mesma tempestade e ímpeto os acometem, de maneira que eles, esses últimos grandes homens da procura, *procuraram* de modo idêntico! Eles se encontram todos dominados pela literatura até nos seus olhos e ouvidos – os primeiros artistas da cultura literária mundial – e, na maior parte das vezes, também os próprios redatores, poetas, intermediários e mescladores das artes e dos sentidos (como músico, Wagner situa-se entre os pintores; como poeta, entre os músicos; como artista em geral, entre os atores); todos, sem exceção, se mostraram fanáticos pela *expressão* "a qualquer preço" – eu saliento Delacroix, o mais assemelhado a Wagner –, todos se revelam grandes descobridores no reino do sublime e também do feio e do medonho, descobridores ainda maiores na ostentação, na arte das vitrines, todos possuem talentos muito acima de seu gênio –, parecem a quinta-essência da virtude, com acessos a tudo que seduz, atrai, coage e derruba, inimigos natos da lógica e das linhas retas, cobiçosos do estranho, do exótico, do monstruoso, do deformado, do que contradiz a si mesmo; como Tântalos da vontade,* como plebeus que, adentrados no viver e no criar, se mostravam incapazes de um *tempo* nobre, de um *lento* – pense-se, por exemplo, em Balzac – trabalhadores desenfreados e quase se destruindo pelo trabalho; antinomistas e rebeldes nos costumes, ambiciosos e insaciáveis desprovidos de equilíbrio e prazer; todos afinal quebrantados e prostrados ante a cruz cristã (e com toda a razão, pois qual deles teria sido profundo e original o bastante para uma filosofia do *Anticristo*?) – de modo geral, são um tipo de pessoa superior, mais temerariamente ousadas, magnificamente violentas, de voo elevado e altamente arrebatadas que só teriam podido ensinar ao seu século – e trata-se do século da multidão! – o conceito de "homem superior"... Graças ao fato de os amigos alemães de Richard Wagner inquirirem entre si se há na arte wagneriana algo cabalmente alemão ou se a sua excelência não provinha justamente de fontes e impulsos *supra-alemães*, daí não convém relevar o quanto justamente Paris fora imprescindível para a formação do seu tipo – lugar para onde a profundidade dos seus instintos o compeliu na época mais decisiva – e como toda a forma do seu surgimento e autoapostolado só poderia se consumar por meio do exemplo socialista francês. Talvez, para a honra da natureza alemã de Richard Wagner,

---

*Rei mitológico condenado a não comer nem beber nada por ter ofendido os deuses. (*N. do T.*)

venha a se descobrir que, em todos os aspectos, ele agiu de modo mais vigoroso, ousado, duro e elevado do que um francês do século XIX poderia ter agido – graças à realidade de que nós, alemães, ainda estamos mais próximos da barbárie do que os franceses –; talvez esta seja até a coisa mais singular na criação de Richard Wagner, algo inacessível, "inimitável" e "imperceptível" não apenas hoje, mas para sempre, às tão tardias raças latinas: a figura de Siegfried, daquele homem *muito livre* que, a bem do fato, poderia ser excessivamente livre, duro, autoconfiante, sadio e *anticatólico* para o gosto de envelhecidos e alquebrados povos da cultura. Esse Siegfried antirromântico poderia representar até um pecado contra o romantismo: ora, Wagner expiou plenamente este pecado nos seus velhos e tristes dias, quando – ao antecipar um gosto que se tornaria uma política – começou a pregar, quando não a seguir, *o caminho para Roma*, e isso com a veemência religiosa a ele inerente. – Não me compreendam mal nestas últimas palavras, com as quais quero prestar ajuda por meio de algumas vigorosas rimas, que também só decifráveis por uns poucos ouvidos refinados e afirmadores da minha *oposição* ao "último Wagner" e à música de seu *Parsifal.*

– Isso é alemão?
Vinha do coração alemão esse grito abafado?
E é um corpo alemão esse autodescarnado?
É alemão esse erguer as mãos sacerdotalmente encenado,
Os estímulos aos sentidos como incenso apresentado?
É alemão esse sustar, derrubar, cambalear,
O incerto gongo a oscilar?
Esses olhinhos de freira a sinos de ave-maria tocar,
A esse céu tão falsamente arrebatador ultrapassar?

– Isso ainda é alemão?
Ponderai! Ainda estais frente ao portão...
Pois o que ouves é a *Roma – a crença de Roma em ação*!

9
O que é nobre?

257.

Toda elevação do tipo "homem" foi, até agora, obra de uma sociedade aristocrática – e assim sempre o será: de uma sociedade confiante num longo fator de condução da hierarquia, bem como na diferença de valores entre homem e homem, necessitando portanto do escravagismo em algum sentido. Sem o *pathos da distância* resultante da diferença entranhada entre as classes, olhar altaneiro contínuo das castas dominantes sobre os serviçais e instrumentos, bem como do exercício igualmente contínuo de obediência e comando, seu manter abaixo e a distância – aquele outro misterioso *pathos* também não poderia absolutamente surgir, aquela ânsia por uma renovada ampliação da distância dentro da própria alma, a formação de condições sempre mais elevadas, singulares, distanciadas, tensionadas e abrangentes, ou seja, exatamente a elevação do tipo "homem", a progressiva "autossuperação dos homens", para usar uma fórmula moral num sentido além do moral. Uma coisa é certa, não se deve aceitar quaisquer enganações humanitárias sobre a gênese de uma sociedade aristocrática (isto é, sobre a premissa daquela elevação do tipo "homem"): pois a verdade é dura. Afirmemos sem rodeios como *começou* até agora toda cultura superior na Terra! Homens com uma natureza ainda natural, bárbaros em todas as temíveis acepções da palavra, predadores humanos, ainda em posse disposições inquebrantáveis e cobiças por poder, se lançaram sobre raças mais fracas, ordeiras, pacíficas e talvez dedicadas ao comércio ou à pecuária; ou sobre velhas e alquebradas culturas nas quais precisamente a última força vital acabava de arder nas luminosas fogueiras do espírito e da corrupção. A casta nobre sempre foi a princípio uma casta de bárbaros: sua preponderância não consistia primeiramente na força física e sim na anímica, pois se tratava de pessoas *mais plenas* (condição que, em todos os níveis, significa também algo como "as bestas mais plenas" –).

258.

A corrupção encarada como expressão de que a anarquia ameaça dentro do instinto e de que o fundamento das emoções chamado "vida" se acha abalado: a corrupção é, conforme o modo de vida em que se manifeste, profundamente diferente. Quando, por exemplo, uma aristocracia, como a da França no início de sua revolução, rejeita seu privilegiado modo de vida com um sublime asco e se torna ela própria vítima de uma desordem no seu sentimento moral, isto é corrupção – na verdade, tal atitude foi apenas o ato final daquele século de duradoura corrupção em virtude do qual essa nação renunciaria passo a passo às suas prerrogativas senhoriais e se rebaixaria somente às *funções* do reinado (e por fim à condição de seu adorno e mostruário). Todavia, o essencial numa boa e saudável aristocracia consiste em *não* se ver como função (seja do reinado, seja da comunidade), e sim como seu *sentido* e justificação suprema – aceitando, por isso, com boa consciência o sacrifício de um imenso número de pessoas que, *por sua causa*, devem ser rebaixadas e reduzidas a seres humanos insuficientes, a escravos, a instrumentos. Sua crença fundamental precisa de fato ser a de que a sociedade *não* deve existir para a sociedade e sim apenas como base e suporte sobre os quais um tipo seleto de criaturas pode se erguer para suas missões superiores e em geral para *ser* superior: condição comparável à daquela planta trepadeira tão dependente do sol existente em Java – chamam-na de *Sipo Matador** –, que, com

*Cipó matador. (*N. do T.*)

seus ramos, enredam um carvalho tão longa e densamente até afinal desenvolverem sua coroa acima dele, ainda que apoiada nele, e assim poder exteriorizar a sua felicidade.

259.

A mútua abstenção de ferir, agredir e explorar, a equiparação da sua vontade à do outro: num certo sentido rude, podem se tornar bons costumes entre indivíduos, caso existam as condições para isso (ou seja, a efetiva equiparação em volume de forças e medidas de valores bem como sua unidade dentro de *um* corpo). Porém, tão logo este princípio quisesse se expandir e, quando possível, vigorar até como *princípio básico da sociedade*, ele logo se revelaria como aquilo que realmente é: como vontade de *negação* da vida, como princípio de dissolução e decadência. Aqui deve-se pensar a fundo sobre o motivo e também se defender de toda fraqueza sentimental: o próprio viver é *essencialmente* apropriação, agressão, violação do estranho e do mais fraco e ainda supressão, dureza, coerção das próprias formas, incorporação e, no mínimo mais discreto, exploração – mas para que utilizar justo estas palavras, nas quais desde a antiguidade está impressa uma intenção caluniosa? Também aquele corpo no qual, como foi anteriormente mencionado, os indivíduos se tratam como iguais – e isso ocorre em toda aristocracia saudável – caso ele próprio seja um corpo vital e não moribundo, deve fazer a outro corpo tudo o que os indivíduos se contêm de fazer entre si: ele deverá ser a corporificação da vontade de poder, crescerá para se basear, estender e querer adquirir predominância – não devido a alguma moralidade ou imoralidade e sim porque *vive*, e porque a vida é a pura vontade de poder. Todavia, em ponto algum a consciência comum dos europeus se mostra mais aversiva à instrução; agora se sonha em toda parte, até sob disfarces científicos, com as condições sociais vindouras em que se deverá abolir "o caráter explorador" – isto soa aos meus ouvidos como uma promessa de se inventar um tipo de vida que se abstivesse de todas as funções orgânicas. A "exploração" não é atributo de uma sociedade primitiva corrompida ou imperfeita: ela representa, ao contrário, a *essência* da vida, como sua função orgânica básica, é uma consequência da verdadeira vontade de poder, que representa a própria vontade de vida. Supondo ser isto uma novidade como teoria – como realidade é o *fato primordial* de toda história por meio daquele mandamento imperativo: seja honesto consigo mesmo sempre!

260.

Numa caminhada pelas muitas morais, as mais refinadas e as mais grosseiras, que até agora reinaram ou ainda reinam na Terra, encontrei certos traços de regular reincidência mútua e ligados entre si: até que afinal dois tipos básicos se revelaram a mim, e uma diferença fundamental entre eles saltou à vista. Existe a *moral dos senhores* e a *moral dos escravos*; acrescento logo que em todas as culturas mais elevadas e misturadas ocorrem também tentativas de mediação entre essas duas morais e, com frequência ainda maior, a confusão das mesmas e a mútua incompreensão, às vezes a dura coexistência – até no próprio indivíduo, até dentro de *uma só* alma. As diferenciações morais de valores podem surgir em um tipo dominante já agradavelmente consciente de sua diferença em relação aos dominados – ou entre os dominados, os escravos e dependentes de todos os graus. No primeiro caso, quando são os dominantes os definidores do conceito de "bom", as elevadas e orgulhosas condições da alma são vistas como distinção e fator de definição da hierarquia. O homem nobre aparta de si as criaturas nas quais se evidencia o oposto dessas condições elevadas e orgulhosas: ele as despreza. Logo se nota que, neste primeiro tipo de moral, a oposição entre "bom" e "ruim" é equivalente à diferenciação entre "nobre" e "desprezível" – a diferenciação entre "*bom*" e "*mau*" é de outra origem. Desprezado será o covarde, o medroso, o apequenado, o imerso na utilidade estreita; e da mesma forma o desconfiado de olhar contido, o rebaixador de si mesmo, o tipo de homem canino, que se deixa maltratar, o bajulador mendicante e, antes de todos, o mentiroso – é crença fundamental de todos os aristocratas que as pessoas comuns são mentirosas. "Nós, os verazes" – já se autoproclamavam os nobres na Grécia Antiga. Evidentemente em toda parte as designações morais de valores foram atribuídas primeiro aos *homens* e só mais tarde também derivadas para as *ações*: daí ser erro crasso os historiadores da moral aceitarem como ponto de partida perguntas do tipo "por que a ação piedosa é louvada?". O tipo nobre de homem se sente alguém definidor de valores; ele não precisa de aprovação, ele sentencia: "O que me prejudica é em si prejudicial"; tem consciência de ser aquele que em geral só concede honra às coisas; ele é *criador de valores*. Ele honra a tudo o que conhece de si: tal moral é uma autoglorificação. O transbordante sentimento de plenitude e de poder se encontra em primeiro plano, bem como a felicidade da alta tensão, a consciência de uma riqueza que deseja dar e conceder – pois o homem nobre também ajuda os infelizes, mas nunca ou quase nunca por piedade, e mais por um ímpeto gerado pela abundância de poder. O homem nobre honra em si os poderosos, e também àquele que possui poder sobre si mesmo, que entende do falar e do silenciar, que com alegria exerce rigor e dureza consigo mesmo e mostra deferência para com todos os rigores e durezas. "Wotan pôs um coração duro no meu peito", recitava uma antiga saga escandinava: essa poesia brotaria com direito se vinda da alma de um orgulhoso viking. Tal gênero de homem se orgulha exatamente por *não* ter sido feito para a piedade: razão por que o herói da saga acrescenta, em advertência, "quem ainda jovem não possui um coração duro jamais o terá". Os nobres e mais valentes que assim pensam são os mais distanciados daquela moral que vê justamente na piedade ou no agir em prol dos outros e no *désintéressement** o distintivo das pessoas da moral; a fé em si mesmo, o orgulho de si mesmo, uma profunda hostilidade e ironia ante o "altruísmo" são, nesta justa condição, inerentes à moral nobre na forma de leve menosprezo e cautela em relação a compaixões e "corações calorosos". – Os poderosos são aqueles que *entendem* sobre o honrar, esta é sua arte, seu reino de criação. A profunda reverência para a velhice e a tradição – todo direito se baseia nesta reverência dupla –, a fé e o preconceito em favor dos ancestrais e em desfavor do que é novo constitui traço típico na moral dos poderosos; e quando inversamente as pessoas das "ideias modernas" creem quase instintivamente no "progresso" e no "futuro", carecendo cada vez mais do respeito pela velhice isso já se mostra bem revelador da origem nada nobre destas "ideias". Todavia, devido ao rigor dos seus princípios básicos, na maioria das vezes uma moral dos dominadores é estranha e penosa ao gosto atual, já que só assume deveres para com os seus iguais; já que se oporá às criaturas de grau mais baixo e também a tudo o que deva possuir critérios estranhos ou agir "conforme o coração quiser" – e em todo caso, esta moral se situará "além do bem e do mal" –; neste âmbito, pode haver compaixão e coisas do tipo. A capacidade e o dever para a longa gratidão e a longa vingança – ambas apenas entre iguais –, a sutileza na retaliação, o refinamento conceitual na amizade, uma certa necessidade de ter inimigos (de certo modo como escoadouros para as emoções, inveja, contenda e arrogância – e, no fundo, para poder ser bom *amigo*): todas estas são características típicas da moral nobre, que, conforme mencionado, não é a moral das "ideias modernas", e por isso é hoje difícil aceitá-la bem, como também de desenterrá-la e de redescobri-la. – É diferente em relação ao segundo tipo de moral, a *moral dos escravos*. Supondo que os violentados, oprimidos, sofredores,

*Desinteresse. (*N. do T.*)

cerceados, incertos de si mesmos e fatigados venham a se moralizar: o que seria o elemento similar às suas avaliações de valores morais? Provavelmente será manifesta uma desconfiança pessimista sobre toda a situação do ser humano, talvez até uma condenação do homem juntamente com sua condição. O olhar do escravo é desfavorável às virtudes dos poderosos: tem ceticismo e desconfiança, ele possui a *sutileza* da desconfiança contra tudo denominado "bom" e recebedor de honras – ele quer se convencer de que até a felicidade não é autêntica ali. Inversamente, serão ressaltados e banhados de luz os atributos que sirvam como alívio para a existência dos sofredores: a piedade, a mão amavelmente prestativa, o coração caloroso, a paciência, a dedicação, a diligência, a humildade, a simpatia – já que estas são as qualidades mais úteis e praticamente o único meio para se suportar o peso da existência. A moral dos escravos é, portanto, essencialmente uma moral da utilidade. Aí se encontra o rebanho para a formação daquele célebre antagonismo entre "bom" e "mau" – pois a interioridade daquele que é mau será pressentida como poder e a periculosidade, como uma certa terribilidade, apuro e força que não permitem o desprezo. Portanto, pela ótica da moral dos escravos, aquele que é "mau" provoca medo; pela dos senhores, é justamente o "bom" que provoca e quer provocar medo, enquanto o homem "mau" será encarado como o desprezível. Esta oposição atinge o auge caso, conforme o rumo da moral de escravos, também nos "bons" dessa moral haja um ar de menosprezo – ainda que este seja leve e benévolo –, porque o bom, dentro da mentalidade de escravos, deve ser alguém *inofensivo*: alguém bem-humorado, fácil de tapear, talvez um pouquinho estúpido e, enfim, *un bonhomme*. Em toda parte onde a moral de escravos chegue à preponderância, a língua mostra uma inclinação de aproximar entre si as palavras "bom" e "estúpido". – Uma última diferença básica: a ânsia por *liberdade*, o instinto para a felicidade e as sutilezas do sentimento de liberdade pertencem de modo igualmente necessário à moral e à moralidade de escravos na condição de arte e de entusiasmo na reverência; já na devoção é o sintoma padrão de uma mentalidade e valoração aristocrática. – A partir daqui compreende-se logo por que o amor-*paixão* – nossa especialidade europeia – deve ter uma origem nobre: reconhecidamente sua invenção pertence aos cavaleiros-poetas provençais, aqueles homens magníficos e criativos do "*gai saber*"* aos quais a Europa tanto deve, devendo quase sua existência. –

261.

A vaidade acha-se entre as coisas que um homem nobre talvez tenha mais dificuldade em compreender: ele se sentirá tentado a negá-la até onde um outro tipo de homem acredita poder segurá-la com as mãos. Para ele, o problema consiste em conceber como aquelas criaturas procuram despertar uma boa opinião sobre si mesmas se elas próprias não a têm – e, portanto, também não "merecem" – e depois *creem* elas mesmas nessa boa opinião. Isto lhe parece, de um lado, tão insípido e desrespeitoso consigo mesmo e, de outro, tão insensatamente barroco de maneira que ele bem gostaria de considerar a vaidade como exceção e duvidar dela na maioria dos casos em que é mencionada. Ela dirá, por exemplo: "Posso me equivocar sobre meu valor e, por outro lado, ainda exigir que seja reconhecido por outros tal como faço uso dele – contudo, isto não é vaidade alguma (e sim presunção ou, nos casos mais frequentes, aquilo chamado de 'humildade' e também de 'modéstia')." Ou dirá ainda: "Posso me alegrar por muitos motivos com a boa opinião dos outros, talvez porque eu os honre, ame e me alegre com todas as suas alegrias, talvez também porque a boa opi-

*Referência aos trovadores medievais da Provença, cuja poesia foi chamada de *gai saber*, "saber alegre" ou "gaia ciência", nome dado a outra obra de Nietzsche. (*N. do T.*)

nião deles realce e fortaleça em mim a minha própria boa opinião, talvez porque a boa opinião dos outros, mesmo nos casos em que não a compartilho, de fato me beneficia ou me promete benefícios – mas tudo isto não é vaidade." O homem nobre deve primeiro se impor pela coação, com a ajuda da história, de maneira que desde os tempos imemoriais e em todas as camadas populares de algum modo dependentes o homem comum era apenas aquilo que *representava* – alguém de modo algum habituado a instituir valores por si mesmo, também não se atribuindo qualquer outro valor senão aqueles a ele atribuídos pelos seus senhores (criar valores é o verdadeiro *direito dos senhores*). Pode-se entender como resultado de um monstruoso atavismo o fato de que hoje o homem comum *espera* primeiro uma opinião sobre si e então se sujeita instintivamente a ela: de modo algum acata apenas uma "boa opinião", mas também uma ruim ou injusta (pense-se, por exemplo, na maior parte das autoavaliações e das autodepreciações assimiladas pelas mulheres carolas diante de seus confessores e, principalmente, pelo cristão crédulo em sua Igreja). Efetivamente agora, conforme a lenta ascensão do ordenamento democrático das coisas (e de sua causa, a mistura de sangue entre escravos e senhores), aquele impulso originalmente nobre e raro de se atribuir a si e por si mesmo um valor e então se "pensar bem" de si é cada vez mais encorajado e difundido, todavia o referido impulso tem por todo tempo contra si uma inerente inclinação mais antiga, ampla e fundamental – e, no tangente aos fenômenos da "vaidade", essa inclinação mais antiga se torna soberana sobre as mais novas. O vaidoso se alegra com toda opinião favorável que ouve a seu respeito (independentemente de quaisquer pontos de vista sobre sua utilidade e também não importando ser verdadeira ou falsa), da mesma forma como sofre com toda opinião desfavorável: pois ele se sujeita a ambas, *sente*-se submetido a elas devido àquele mais antigo instinto da sujeição a eclodir nele. – Trata-se do "escravo" residual no sangue do vaidoso, de um resto de manha escrava – e quanto de "escravo" por exemplo, ainda resta agora na mulher! –, que tenta induzir *de maneira sedutora* opiniões favoráveis sobre si; e é igualmente o próprio escravo que em seguida sucumbe ante essas opiniões, como se não as tivesse provocado. – E, dizendo-o de novo: a vaidade é um atavismo.

262.

Uma *espécie* surge, um tipo se consolida e fortalece sob longa luta contra condições que, no essencial, se mostram *adversas* na mesma medida. De modo inverso, sabe-se, com base nas experiências dos criadores, que os espécimes aos quais é ministrada uma superalimentação e, em geral, um acréscimo de proteção e de cuidado, logo tendem da mais vigorosa maneira à variação do tipo e são ricos em maravilhas e monstruosidades (e também em monstruosos vícios). Examine-se então uma comunidade aristocrática, uma antiga *pólis* grega, ou Veneza, pelo ângulo de uma organização voluntária ou involuntária com o objetivo do *apefeiçoamento*, pois trata-se de pessoas sustentadas entre si e sobre si, as quais querem impor o seu modo de ser, na maioria das vezes porque têm que se impor ou porque correm um risco apavorante de extinção. Falta aí aquela graça, aquele excedente, aquela proteção sob a qual a variação é favorecida; o tipo se considera como tipo necessário, como algo que consegue se impor e tornar duradouro justamente devido à sua dureza, uniformidade, simplicidade da forma, na luta contínua contra os vizinhos, ou contra os oprimidos revoltosos ou em ameaça de revolta. Apesar de todos os deuses e homens, as muitas circunstâncias da experiência existencial ensinam ao referido tipo quais os atributos imprescindíveis para ainda se fazer presente, para ainda vencer sempre: essa experiência chama tais atributos de virtudes, e só dessas virtudes cuida com afinco e cultiva. E ela o faz com dureza, ela inclusive deseja a dureza; toda moral aristocrática é intolerante: na educação da juventude, no domínio sobre a mulher, nos costumes matrimoniais, nas relações entre velho e jovem, nos códigos penais (que visam apenas os indivíduos que degeneram) – chega a incluir a intolerância entre as virtudes, sob o nome de "justiça". Um tipo com poucos mas muito vigorosos traços, um gênero de homens mais rigorosos, guerreiros, inteligentemente silenciosos, mais herméticos e fechados (e, como tal, possuidores dos mais refinados sentimentos para a magia e nuances da sociedade) será estabelecido mais além e acima dessa alternância de gêneros; a luta contínua com condições equivalentemente desfavoráveis é, como foi dito, a causa para que um tipo se consolide e fortaleça. Em dado momento, surge afinal uma venturosa situação em que a monstruosa tensão diminui; talvez por não haver mais quaisquer inimigos entre os vizinhos, e os meios para a vida e até o desfrutar dela superabundem ali. O vínculo se rompe de um só golpe e com ele a coerção da velha disciplina: esta não se sente mais como necessária, como condição existencial –, caso quisesse seguir existindo, só poderia fazê-lo como uma forma de *luxo*, como gosto pelo arcaico. A variação, seja como forma diferenciada (no plano do que é mais elevado, refinado e raro), seja como degeneração e monstruosidade, acha-se subitamente em cena, na sua maior plenitude e esplendor; o indivíduo ousa ser ele mesmo e se elevar. Em tais momentos de mudanças históricas, uma ascensão, um esforço rumo ao alto, de caráter senhorial, multifacetado e selvaticamente primordial, surgem em grande proximidade e, com frequência, envolvidos e emaranhados um no outro numa espécie de ritmo *tropical* na competição do crescimento e num imenso afundar e se arruinar, devido aos *dois* egoísmos de certa forma explosivos e braviamente voltados um contra o outro ao lutarem por "sol e luz" e sem saberem respeitar mais qualquer limite, qualquer contenção, qualquer consideração da moral até então vigente. E essa mesma moral que acumulara força desmedida, que tensionara o arco de modo tão ameaçador – agora é, agora torna-se algo que "sobrevive". O ponto perigoso e inquietante é alcançado, onde a vida maior, mais diversificada e abrangente *vive além* da antiga moral; lá está o "indivíduo", agora sujeito a uma nova constituição, às próprias artes e ardis da autopreservação, autoelevação e autossalvação. Ele se depara com novas indagações, com novos meios, contudo se acha desprovido de fórmulas coletivas, vendo assim a incompreensão e o descaso se unirem contra si, vendo a decadência, a deterioração e as cobiças supremas horrivelmente entrelaçadas, vendo o gênio transbordar das cornucópias do bem e do mal numa funesta simultaneidade de primavera e outono, plena de novos encantos e véus, coisas próprias das corrupções ainda jovens, ainda inesgotadas, ainda incansáveis. O perigo é novamente aí o pai da moral, aquele grande perigo, dessa vez direcionado ao indivíduo na figura do próximo e do amigo, no beco, na própria criança, no próprio coração, em tudo o que se mostre mais original e secreto no desejo e na vontade: o que os filósofos da moral chegados a esse tempo terão para pregar então? Esses perspicazes observadores e esquineiros descobrem que rapidamente se chega ao fim, que tudo em torno deles corrompe e faz corromper, que nada subsiste até o depois de amanhã, exceto *um* gênero de homem: os incuravelmente *medíocres*. Só os medíocres têm esperança de continuação, de propagação – eles são os homens do futuro, os únicos sobreviventes; "Sejam como eles! Tornem-se medíocres!" proclamará doravante a única moral ainda a possuir sentido, ainda a encontrar ouvidos. – Mas como é difícil pregar essa moral da mediocridade! – Ela jamais deve confessar o que é e o que quer! Deve falar de medida, dignidade, dever e amor ao próximo – ela precisará *ocultar a ironia*! –

263.

Existe um *instinto para a categoria* que já é, mais do que tudo, a marca de uma categoria elevada; existe um prazer nas nuances da reverência que deixa antever origem e hábitos nobres. A sutileza, a bondade e altura de uma alma são perigosamente postas à prova caso se manifeste nelas algo de primeira qualidade, mas ainda não protegido, pelo tremor da autoridade, de atitudes e grosserias inconvenientes: algo que siga seu caminho como prova de fogo viva, ou seja, sem sinal, a tatear, e talvez voluntariamente oculto e disfarçado. Na sua missão e prática de perscrutar almas este se servirá de várias formas justamente desta arte para estabelecer o valor último de uma alma, isto é, para estabelecer a indelével e inata hierarquia à qual ela pertence: pois colocará à prova o seu *instinto de reverência. Différence engendre haine:** ou seja, a vulgaridade de algumas naturezas vaza de repente como água suja caso se depare com algum vaso sagrado, alguma preciosidade dos santuários herméticos, algum livro com o selo do grande destino; e por outro lado há um involuntário emudecer, um hesitar do olhar, um aquietar de todos os gestos bem reveladores de que uma alma *sente* a proximidade do mais venerável. O modo geral como até hoje foi mantido o respeito pela Bíblia na Europa talvez represente a melhor amostra de disciplina e refinamento dos costumes que este continente deve ao cristianismo; tais livros representativos da profundidade e do sentido último precisam, para sua proteção, de uma tirania exógena da autoridade para assim adquirir aqueles milênios de *permanência* necessários para sua exploração e decifração. É um grande avanço quando as massas (os "intestinos lisos e rápidos" de todos os tipos) têm o sentimento de que não podem tocar em tudo; de que existem experiências sagradas ante as quais ele descalça os sapatos e mantém longe as mãos impuras – trata-se quase de sua máxima elevação à condição humana. Inversamente, talvez nada atue de modo tão repugnante naquelas pessoas ditas instruídas, os crentes das "ideias modernas" – quanto sua falta de vergonha, sua tranquila insolência de olhos e mãos, com as

*A diferença gera o ódio. (*N. do T.*)

quais tudo é revolvido, lambido e apalpado; e é possível que hoje sempre se encontre no povo, no povo mais simples, principalmente entre camponeses, mais uma nobreza *relativa* do gosto e do tato inerente ao respeito do que no semimundo do espírito ledor de jornais, os ditos instruídos.

264.

É próprio da alma humana não descartar o que seus antepassados fizeram com prazer e continuidade: se estes fossem fatores de economia e acessórios de uma escrivaninha ou de uma poupança, modestos e burgueses seus desejos, bem como modestos em suas virtudes; ou se desde a juventude à velhice eles estivessem habituados a dar ordens, afeiçoados a prazeres rudes e, ademais, a deveres e responsabilidades ainda mais rudes; ou se, em dado momento, eles afinal sacrificaram velhas prerrogativas de nascença e de posse para assim viver plenamente a sua fé – o seu "Deus" –, como homens de uma consciência ao mesmo tempo implacável e delicada, capazes de corar diante de qualquer mediação. Não é possível que alguém *não* corporifique as qualidades e preferências de seus pais e antepassados: ainda que sua aparência possa dizer o contrário. Esse é o problema da raça. Supondo se conhecer algo dos pais, é permitida uma conclusão sobre o filho: qualquer falta de contenção agressiva, qualquer manifestação de inveja ou uma grosseira justificação de si mesmo serão transmitidas ao filho tão seguramente quanto a herança do sangue impuro – as três atitudes constituíram em todos os tempos o verdadeiro tipo plebeu; e, mesmo com a ajuda da melhor educação e formação, se conseguirá chegar ao *equívoco* sobre uma tal herança. – E o que mais desejam hoje a educação e a instrução! Na nossa época tão popularizada ou, melhor dizendo, tão plebeizada, "educação" e "formação" devem ser, no essencial, a arte do enganar – enganar o povo, corrompido em corpo e alma, na questão da origem. Imagine-se um educador que hoje pregasse antes de tudo a veracidade e continuamente gritasse aos seus educandos: "Sejam honestos! Mostrem-se como são!" – Mesmo um tal asno virtuoso e ingênuo aprenderia, depois de algum tempo, a segurar aquele *forcado* de Horácio*, com a finalidade de *naturam expellere*** com que medida de êxito? Uma "plebe" *usque recurret.**** –

265.

Correndo o risco de desagradar ouvidos inocentes, afirmo: o egoísmo é inerente à essência da alma nobre, quero dizer, àquela fé inabalável de que uma essência como "nós somos" deve ser submissa a outra essência da natureza e por ela se sacrificar. A alma nobre aceita este fato do seu egoísmo sem qualquer questionamento, e também sem um sentimento de dureza, coerção e arbítrio, mas, ao contrário, como algo que deve estar fundamentado na lei original das coisas – caso procure um nome para isto, dirá então "é a própria justiça". Sob circunstâncias que deixam inicialmente relutante, ela acaba admitindo a existência de outras pessoas com os mesmos direitos; tão logo se mostre resolvida quanto a essa questão de hierarquia, move-se entre esses iguais e possuidores dos mesmos direitos, com a mesma segurança na vergonha e na reverência gentil vivenciada na relação consigo mesma – conforme uma inata mecânica celestial em que todas as estrelas se entendem. Esta sutileza e autorrestrição na relação com os seus iguais é uma parcela a *mais* do seu egoísmo – toda estrela é um dos tais egoístas: ela honra *a si* nesses iguais e nos direitos que concede a ele, pois não duvida que a permuta de honras e de direitos pertence *igualmente* ao estado natural das coisas e à *essência* de toda relação. A alma nobre dá assim como tira, ou seja, com um instinto de retribuição pas-

---

*Alusão à afirmativa desse poeta lírico e satírico de Roma: "Ainda que a expulses com um forcado, a natureza voltará a aparecer." (*N. do T.*)

**Expulsar a natureza. (*N. do T.*)

***Sempre recorrente. (*N. do T.*)

sional e excitável subjacente nela. O conceito de "perdão" não possui qualquer sentido e perfume na relação *inter pares*;* pode até haver um sublime modo de se suportar presentes vindos de cima e de se bebê-los com sede gota a gota: contudo, a alma nobre não possui habilidade alguma para esta arte. O egoísmo a detém só com grande má vontade, ela olha "para cima" – prefere olhar para *diante* de si, horizontal e lentamente, ou olhar para baixo –, pois *sabe que se encontra nas alturas.*

266.

Como diria Goethe a Rath Schlosser: "Só quem não procura a si mesmo pode se reverenciar verdadeiramente."

267.

Há um provérbio entre os chineses que até as mães ensinam cedo a seus filhos: "Faz teu coração *pequeno*!" Esta é a verdadeira inclinação básica das civilizações tardias – não duvido que um grego antigo também detectaria logo a autodiminuição em nós, europeus de hoje – fato que já bastaria para sermos "repugnantes ao seu gosto".

268.

Mas, afinal, o que é a vulgaridade? – Palavras são sinais sonoros para conceitos; mas conceitos são mais ou menos determinados, símbolos convencionados para sensações recorrentes e associadas, bem como para grupos de sensações. Para a mútua compreensão, não basta que se utilize as mesmas palavras; deve-se também utilizar as mesmas palavras para o mesmo gênero de vivências interiores, devendo-se, por fim, tornar a sua expe-

*Entre iguais. (*N. do T.*)

riência algo *em comum* com a dos demais. Por isso as pessoas de um povo se compreendem melhor entre si do que com aquelas pertencentes a povos diferentes, ainda que se sirvam da mesma língua; ou, ao contrário, caso pessoas tenham vivido juntas por muito tempo sob condições semelhantes (clima, solo, perigo, necessidade, trabalho) *surge* dessas conjunturas uma certa coesão que "se compreende" como um povo. Em todas as almas, há igual medida de vivências frequentemente recorrentes que lograram predominância sobre as de ocorrência rara: em meio a elas o mútuo entendimento é sempre mais rápido – a história da língua é a história de um processo de abreviação –; com base nessa rápida compreensão, criam-se vínculos mais estreitos, sempre mais estreitos. Quanto maior o nível de perigo, maior é a necessidade de concordância rápida e fácil sobre o que for necessário; não se incompreender no momento de perigo é aquilo que as pessoas não podem prescindir em hipótese alguma na sua interação. Mesmo qualquer amizade ou amor passa por esta prova: nenhum deles tem durabilidade tão logo se descubra que, usando as mesmas palavras, um entre os dois sinta, opine, pressinta, deseje e tema de forma diversa do outro. (O temor ante o "eterno mal-entendido": é aquele gênio benévolo que tão frequentemente livra as pessoas de gêneros diferentes de associações afobadas aconselhadas por seus sentidos e coração – mas *não* evidencia algum schopenhauriano "gênio da espécie"!) O fator decisivo em toda a hierarquia dos seus valores e, por fim, também definidor da sua tabela de valores é quais grupos de sensações dentro de uma alma despertam mais rápido, como compreendem a palavra, como dão ordens. As avaliações de valor de uma pessoa revelam algo sobre a *estrutura* de sua alma e também em que ela vislumbra suas condições de vida, sua verdadeira necessidade. Supondo que a necessidade até então existente só tenha aproximado entre si aquelas pessoas que pudessem interpretar necessidades e vivências semelhantes com sinais semelhantes, disso resulta de modo geral que a *comunicabilidade* fácil advinda da necessidade, isto é, em última instância apenas o vivenciar de experiências medianas e *vulgares*, deve ter sido a mais violenta entre todas as forças até agora praticadas contra o homem. Os seres humanos mais assemelhados e mais comuns estiveram e estarão sempre em vantagem; que os mais seletos, refinados, raros e enigmáticos ficam facilmente sós, sucumbem às fatalidades e raramente se perpetuam por seu isolamento. Deve-se evocar imensas forças contrárias para assim se antepor a este *progressus in simile** natural, demasiado natural, à formação do homem pela assemelhação, pela postura de ser comum, mediano, animal de rebanho – pelo *vulgar*!

269.

Quanto mais um psicólogo – um psicólogo e decifrador de almas nato e predestinado – se volte para os casos e para os homens mais seletos, maior se torna o perigo de ele sufocar pela compaixão: mais do que ninguém, ele *necessita* de dureza e alegria. A degradação e o sucumbir dos homens mais elevados, das almas estruturadas de maneira mais singular são de fato a regra: é terrível ter sempre uma tal regra diante dos olhos. O múltiplo martírio do psicólogo que descobriu este sucumbir, que descobriu primeiro uma vez e então *quase* sempre outra vez toda essa "impossibilidade de salvação" interior do homem mais elevado, este eterno "tarde demais!" em todos os sentidos – talvez possa um dia ser a causa de ele se voltar com amargura contra o seu próprio vazio e fazer uma tentativa de autodestruição –, experimentando ele próprio esta "degradação". Pode-se perceber em quase todo psicólogo uma

*Progresso no semelhante. *(N. do T.)*

reveladora inclinação e prazer no trato com pessoas comuns e bem-estruturadas: daí se percebe sua contínua necessidade de cura, bem como a de um tipo de fuga e de esquecimento para bem longe daquilo que suas observações e intervenções, que o seu "ofício" lhe impuseram à consciência. O medo de sua memória é próprio dele. Facilmente se refugia no silêncio ante julgamentos de outros, ouve com fisionomia impassível como se honra, admira, ama e transfigura lá onde ele viu – ou ainda oculta seu silêncio, ao concordar com maneiras formais com alguma opinião superficial. Talvez o paradoxo de sua condição vá tão longe no âmbito do horrível a ponto de a multidão, os instruídos e os entusiastas aprenderem a sentir profunda admiração pelo que ele aprendeu sobre a grande compaixão e o grande desprezo – eles têm respeito pelos "grandes homens" e animais prodigiosos que inspiram as pessoas a honrar a pátria, a Terra e a dignidade dos homens, e abençoam a si mesmos, com base nos quais se norteia e educa a juventude... E quem sabe até agora não tenha ocorrido exatamente o mesmo em todos os grandes casos: que a multidão adorasse um deus – e que esse "deus" fosse apenas um pobre animal de sacrifício! O sucesso sempre foi o maior mentiroso – e a própria "obra" é um sucesso; o grande estadista, o conquistador, o descobridor escondem-se sob suas criações, até o ponto do irreconhecível; a "obra", seja a do artista ou a do filósofo, só inventa aquilo que ela criou, que teve de criar; os "grandes homens", tal como estes são honrados, nada mais são que pequenas e péssimas criações posteriores; no reino dos valores históricos reina a falsificação. Eis como são e talvez devam ser esses grandes poetas como, por exemplo, Byron, Musset, Poe, Leopardi, Kleist e Gogol: homens do momento, entusiasmados, sensuais, pueris, frívolos e afoitos no desconfiar e no confiar; almas em que em geral alguma ruptura deve ser ocultada; frequentemente a se valer de suas obras como vingança de uma mácula interna; tantas vezes a procurar com seus voos o esquecimento ante uma memória demasiado clara; tantas vezes perdidos na lama e quase extasiados até se tornarem iguais às luzes errantes dos pântanos e daí se considerarem estrelas – o povo os chame então de idealistas –; com frequência a lutar contra um longo asco, contra um recorrente fantasma da incredulidade que causa calafrio e os obriga a suspirar pela *glória*, bem como a pastar a "crença em si" oferecida pelas mãos de bajuladores embriagados – que *mártires* são esses grandes artistas e, na verdade, também os homens mais elevados para aquilo uma vez discernido por eles! Mostra-se, portanto, compreensível *eles* experimentarem tão facilmente a partir da mulher – mais clarividente no mundo do sofrimento e também ansiosa de ajudar e de salvar, infelizmente muito acima de suas forças –, aqueles surtos da mais ilimitada e devota *compaixão*, a qual a multidão, sobretudo a multidão adoradora, não compreende e a acumula de interpretações curiosas e presunçosas. Essa compaixão se equivoca regularmente quanto à sua força; a mulher deseja acreditar que o amor *tudo pode* – esta é a sua verdadeira *crença*. Ah, o conhecedor do coração adivinha quão pobre, estúpido, desamparado, presunçoso, errático, mais fácil de destruir do que de salvar também é o melhor e mais profundo dos amores! – É possível que sob a santa fábula e disfarce da vida de Jesus se ache oculto um dos mais dolorosos casos de martírio do *conhecimento sobre o amor*: o martírio do coração mais inocente e cobiçoso jamais saciado por qualquer amor humano, que *exigia* amor e nada mais do que ser amado, e isso com dureza, com demência, com surtos terríveis contra aqueles que se recusavam a amá-lo; é a história de um pobre insatisfeito e insaciado no amor, que teve de inventar o inferno para enviar para lá os que não queriam amá-lo – e que, finalmente, ao se conscientizar sobre o amor humano, teve de inventar um Deus que é totalmente amor, totalmente uma capacidade de amar – que se compadece do amor humano, pois este é tão totalmente mesquinho, tão ignorante! Quem assim se sente, quem *entende* o amor dessa maneira – *procura* a morte. Mas por que essas coisas dolorosas incomodam o pensamento? Supondo que não se *deva* praticá-las! –

270.

Essa altivez e asco espirituais de qualquer pessoa que tenha sofrido profundamente – e *quão* profundamente alguém pode sofrer é algo quase definidor de hierarquia –, essa sinistra certeza na qual ela se acha totalmente imersa e tingidos devido ao seu sofrimento, *saber mais* do que os mais inteligentes e sábios podem saber, de ser conhecida em muitos mundos terríveis e longínquos sobre os quais "*vocês* nada sabem!"..., essa silenciosa altivez espiritual do sofredor, esse orgulho dos eleitos do conhecimento, dos "iniciados" e dos quase sacrificados considera válidas todas as formas de disfarce, para assim se proteger do contato com mãos intrusivas e caridosas, mas, acima de tudo, daquilo que não se equipare a si na dor. O sofrimento profundo propicia a nobreza; ele separa. Uma das formas de disfarce mais sutis é a do epicurismo, e uma certa valentia do gosto que aceita facilmente o sofrimento e se coloca em defesa de toda a tristeza e a profundidade. Existem "pessoas serenas" que se servem da serenidade porque devido a ela são mal-interpretadas – e elas *desejam* essa má interpretação. Existem "pessoas científicas" que se servem da ciência porque esta propicia uma aparência serena, e porque a cientificidade induz à conclusão de que o ser humano é superficial – elas *querem* levar a uma conclusão errônea. Existem espírito livres e atrevidos que bem gostariam de ocultar e negar o fato de que são orgulhos feridos e corações incuráveis; e por vezes a própria imbecilidade é a máscara para um desventurado saber demasiado seguro. – Depreende-se que o respeito "diante da máscara" é inerente à condição humana mais refinada, e não recorrer à psicologia e à curiosidade em ocasiões impróprias.

271.

O que separa mais profundamente duas pessoas é um sentido e um grau diferente de limpeza. De que adianta toda retidão e utilidade recíproca, de que adianta toda boa vontade mútua: se ainda restar aquele – "eles não conseguem se cheirar!". O supremo instinto de limpeza coloca seu dono no mais estranho e perigoso afastamento, como um santo: pois a santidade é justamente isto – a suprema espiritualização do referido instinto. Qualquer conhecimento *em comum* sobre uma indescritível plenitude e felicidade no banho, qualquer fervor e sede que leve continuamente a alma da noite para o amanhecer, bem como das águas turvas e da aflição para a claridade, fulgor, profundidade e limpidez; uma tendência como essa *caracteriza* alguém – é uma tendência nobre –, também leva à *separação*. A compaixão do santo é a compaixão pela *sujeira* da condição humana, demasiado humana. E existem graus e alturas em que a própria compaixão será vista por ele com impureza, como sujeira...

272.

Marcas da nobreza: jamais pensar em rebaixar nossos deveres a deveres para qualquer um; não querer abrir mão da própria responsabilidade nem compartilhá-la; incluir seus privilégios e o exercício deles entre seus *deveres*.

273.

Um homem empenhado em algo grande vê qualquer outro que cruze sua trajetória como meio ou como atraso e estorvo – ou como repouso temporário. Sua verdadeira e seleta *bondade* para com os conviventes só é possível quando ele atinge sua plena altura e reina. A impaciência e sua consciência de até então ter sido sempre condenado à comédia – pois a própria guerra é uma comédia, ocultando seus meios tal como qualquer meio oculta o fim –, o compromete em qualquer interação: esse tipo de homem conhece a solidão e o que esta possui de mais venenoso.

274.

O problema daqueles que esperam. - São necessárias circunstâncias especiais e muitas coisas inesperadas para que um homem mais elevado, no qual está adormecida a solução de um problema consiga ainda agir no tempo certo – poderíamos dizer "num arrebatamento". Mas esse repente *não* é comum, e em todos os cantos da Terra existem aqueles que esperam, mal sabendo o quanto esperarão e tampouco se esperam em vão. Às vezes, o grito de despertar chega tarde demais para aquele acaso propiciador da "licença" para o agir – chega quando a melhor juventude e força para o agir foram já consumidas nesse sossego de sentar; e, exatamente nesse sobressalto do despertar, alguns descobriram com pavor o quanto seus membros já se encontram adormecidos e seu espírito excessivamente pesado! "É tarde demais!", disseram para si, descrentes de si mesmos e doravante inúteis para sempre. – Seria, no reino do gênio, o "Rafael sem mãos" não a exceção e sim a regra? – Talvez o gênio não seja tão raro assim; mas raras são as quinhentas *mãos* necessárias para tiranizar o *καιρός*, "o tempo certo", e assim agarrar o acaso da melhor maneira!

275.

Quem não deseja ver o que é elevado em uma pessoa desvia seu olhar mais agudo para aquilo que nesta for baixo e superficial – e assim acaba revelando a si mesmo.

276.

A alma mais baixa e grosseira suporta melhor todo tipo de agressão e perda do que a mais nobre: os perigos para esta última devem ser maiores, a probabilidade de sofrer e perecer revela-se imensa devido à pluralidade das suas condições existenciais. – Num lagarto o dedo perdido volta a crescer: mas seres humanos não possuem análogo poder de recuperação.

277.

– Péssimo! A mesma velha história! Ao se concluir a construção da casa, notamos repentinamente o aprendizado de algo que deveríamos saber antes de começar a construí-la. Trata-se do eterno "tarde demais!". – A melancolia do *concluir*!...

278.

– Peregrino, quem é você? Vejo-o a seguir seu caminho, sem escárnio, sem amor, com olhos indecifráveis; olhos úmidos e tristes como prumo plúmbeo que, insaciado, retorna da profundeza para a luz – o que procuraria ele lá embaixo? –, trazendo um peito que não suspira, lábios que ocultam seu asco, sua mão que só segura com lentidão: quem é você? O que fez? Sossega aqui: este lugar é hospitaleiro com todos – descansa! E, seja quem for: de que precisas agora? De que precisas para sua recuperação? É só pedir, pois o que possuo, eu lhe ofereço! – "Para a recuperação? Para a recuperação? Oh, intrometido, vê o que fala! Mas me dê – O quê? O quê? Explique-se!" – "Uma nova máscara! Uma segunda máscara!"...

279.

As pessoas de profunda tristeza se revelam quando estão felizes: elas concebem a felicidade como algo que quisessem esmagar e sufocar por ciúme – elas bem sabem o quanto essa felicidade foge delas!

280.

"Ruim, muito ruim?! Como? Ele está – recuando?" – Sim! Mas não o compreendam mal, ao se queixarem a respeito. Ele volta como alguém que se prepara para um grande salto. –

281.

"Acreditarão em mim? Exijo que acreditem: desde sempre eu mal pensei em mim e sobre mim, só me permitindo tanto em casos muito raros e apenas por coação, sempre sem prazer 'pela coisa', já separado de 'mim', sempre sem fé no acontecimento, graças a uma insuperável desconfiança ante a *possibilidade* do autoconhecimento, que me levou tão longe, chegando a sentir uma *contradictio in adjecto** até no conceito de 'conhecimento direto' que os teóricos se permitem – essa realidade é quase a coisa mais segura que sei sobre mim mesmo. Deve haver em mim algum tipo de aversão no sentido de *crer* em algo definido sobre mim. – Existe porventura um enigma nisso? É provável; mas felizmente nenhum para que eu enfrente. – Será que ele revelaria a que espécie pertenço? – Mas não o revela a mim: o que é do modo como desejo. –"

---

*Uma contradição entre partes de um argumento. (*N. do T.*)

282.

"Mas o que houve com você?" – "Não sei", respondeu ele, hesitante; "talvez harpias* tenham sobrevoado minha mesa." – Por vezes acontece que uma pessoa suave, moderada e comedida se torne subitamente furiosa, quebrando os pratos, virando a mesa, berrando, vociferando, ofendendo a todos – e afinal vá para um canto, envergonhada, aborrecida consigo mesma e a se indagar – Para onde? Para fazer o quê? Para minguar à margem? Para sufocar em suas recordações? – Aquele que possui cobiças de uma alma altamente exigente e raras vezes encontra pronta sua mesa, seu alimento, terá periculosidade alta em todos as épocas, todavia hoje esta é extraordinária. Lançado em uma época barulhenta e plebeia com a qual não gosta de compartilhar um prato de comida, ele pode facilmente sucumbir de fome e sede ou, caso acabe por "se alimentar" do mesmo jeito – de súbita náusea. – Provavelmente todos nós já nos sentamos em mesas impróprias; e justamente os mais espirituais dentre nós, os mais difíceis de se alimentar, conhecem aquela perigosa *dispepsia* resultante de uma súbita visão e decepção ante nosso alimento e nossos companheiros de mesa – *a náusea da sobre-mesa.*

283.

Trata-se de um autodomínio sutil e ao mesmo tempo nobre, caso de fato se deseje elogiar, fazê-lo somente quando *não* existe consenso: – noutros casos chegar-se-ia a elogiar a si mesmo, o que vai contra o bom gosto – certamente um autodomínio que oferece gentil ensejo e estímulo à contínua *incompreensão.* Para poder se permitir este verdadeiro luxo do gosto e da mo-

*Criaturas da mitologia grega, representadas como aves de rapina com rosto de mulher e seios. (*N. do E.*)

ralidade, não se deve viver entre os tolos do espírito, mas, ao contrário, entre pessoas junto às quais mal-entendidos e erros ainda entretenham por sua sutileza – ou se deverá pagar caro! – "Ele me elogia: *logo* me dá razão" – tal asneira na dedução já nos degrada metade da vida, pois traz os asnos para o nosso convívio e círculo de amizades.

284.

Viver com imensa e orgulhosa serenidade; sempre no além. – Ter e não ter espontaneamente suas paixões, seu pró e seu contra, condescender com eles ao longo de horas; *montar* neles tal como em cavalos e, muitas vezes, como em asnos: – convém saber utilizar a sua estupidez tão bem quanto seu fogo. Acautelar-se diante de suas trezentas formas de superficialidade; utilizar também óculos escuros: pois há casos em que ninguém deve nos olhar nos olhos e, menos ainda, observar nosso "fundo". E optar pela sociabilidade por meio daquele vício velhaco e alegre, a cortesia. E permanecer senhor das quatro virtudes: a coragem, o discernimento, a simpatia e a solidão. Pois entre nós a solidão é uma virtude, como sublime inclinação e impulso para a limpeza a intuir o quanto o contato de pessoa com pessoa – na dita "sociedade" – será inevitavelmente sujo. Qualquer coletividade, de alguma forma, em algum lugar e em dado momento – leva à "vulgarização".

285.

Os maiores acontecimentos e pensamentos – contudo os maiores pensamentos são os maiores acontecimentos – só serão compreendidos no tempo mais tardio: as estirpes a eles contemporâneas não *vivenciam* tais acontecimentos – vivem sem interação com eles. Acontece algo análogo no reino das estrelas. A luz das estrelas mais distantes só chega muito tardiamente aos homens; e, antes de ela chegar, o homem *nega* que lá – existam estrelas. "De quantos séculos necessita um espírito para ser compreendido?" – constitui também um parâmetro, pois com ele também se cria uma necessária hierarquia e etiqueta: tanto para espírito quanto para estrela. –

286.

"Aqui a visão é livre e o espírito elevado." – Existe todavia um tipo inverso de homem, que também está nas alturas e também tem a visão livre – mas olha *para baixo*.

287.

– O que é ser nobre? O que hoje significa para nós a palavra "nobre"? O que revela os homens nobres, o que os torna reconhecidos sob este céu pesadamente carregado do incipiente domínio da plebe, pelo qual tudo se torna turvo e plúmbeo? – Ações não provam essa nobreza – ações são sempre ambíguas, sempre insondáveis; e tampouco as "obras". Hoje se encontram entre artistas e eruditos muitos daqueles que, por meio de suas obras, revelam o quanto são impulsionados por uma profunda cobiça para a nobreza: porém justo esta necessidade de nobreza se revela profundamente diferente das necessidades das próprias almas nobres e, dizendo-o com franqueza, evidencia o indício mais eloquente e perigoso de sua falta. E para recorrer a uma velha fórmula religiosa, agora numa compreensão nova e mais profunda: não são as obras, e sim a *crença* o fator aqui decisivo no estabelecimento da hierarquia: alguma certeza fundamental inerente a uma alma nobre, algo que não se deixa procurar ou encontrar e talvez também não se deixe perder. *A alma nobre tem reverência por si própria.*

288.

Existem pessoas que inevitavelmente possuem espírito; elas podem se contorcer e revirar-se como bem quiserem, e também manter as mãos na frente de seus olhos reveladores (– como se as mãos não fossem também altamente reveladoras! –): no final das contas sempre fica evidente possuírem algo a ocultar, isto é, o referido espírito. Um dos meios mais sutis para ao menos se disfarçar pelo máximo de tempo possível e lograr apresentar-se mais estúpido do que se é – coisa que, na vida cotidiana, muitas vezes se mostra tão desejável quanto um guarda-chuva – chama-se *entusiasmo*; acrescido dos atributos a ele inerentes, por exemplo, a virtude. Pois, como diz Galiani, o qual bem devia sabê-lo – *vertu est enthousiasme.**

289.

Nos escritos de um eremita sempre se ouve também algo proveniente do eco do deserto, algo dos sussurros e do tímido espiar à sua volta próprios da solidão; mesmo nas suas palavras mais fortes e nos seus gritos ainda soa um novo e mais perigoso tipo de silêncio e introversão. Quem, ano a ano, dia e noite, se sentou sozinho em íntimas discórdias e diálogos com a própria alma, quem na sua caverna – esta pode ser um labirinto, mas também um baú repleto de ouro – tornou-se um urso das cavernas, um escavador de tesouros, um guardião de tesouros ou um dragão: uma criatura cujos próprios conceitos recebem por fim aquela peculiar cor crepuscular, aquele cheiro vindo de profundidade igual à do mofo, aquela incomunicabilidade e aversividade a causar calafrio em qualquer transeunte incauto. O eremita

*Virtude é entusiasmo. (*N. do T.*)

acredita que em nenhum tempo um filósofo – supondo que todo filósofo é antes um eremita – tenha expressado suas verdadeiras e últimas opiniões em livros: não se escrevem livros justamente para ocultar o que se guarda consigo? – Ele duvidará inclusive que um filósofo *possa* efetivamente ter opiniões "últimas e verdadeiras" como se não houvesse e não devesse haver uma caverna ainda mais profunda por trás de todas as cavernas – um mundo mais amplo, singular e rico acima da superfície, um abismo por trás de todo chão e sob qualquer "embasamento". Toda filosofia é uma filosofia-de-fachada – este é um julgamento típico do eremita: "Existe algo de arbitrário no fato de ele se deter *aqui*, olhando para trás e em torno de si, bem como no fato de ele não cavar mais profundamente *aqui*, guardando a pá – e existe também algo de estranho em tudo isso." Toda filosofia também *oculta* uma filosofia; toda opinião é também uma ocultação, toda palavra também é uma máscara.

290.

Todo pensador profundo teme mais o ser compreendido do que o ser malcompreendido. Talvez sua vaidade sofra com o último; todavia, no primeiro sofrerão seu coração e compaixão, que estão sempre a dizer: "Ah, por que também querem, como eu, passar por algo tão difícil?"

291.

O ser humano, um animal multifacetado, hipócrita, artificial e sem transparência, a inquietar os outros animais, menos pela força do que pela astúcia e esperteza, inventou a boa consciência para assim se comprazer com a *simplicidade* de sua alma; e toda a moral é uma falsificação corajosamente longa, em virtude da qual um gosto pelo espetáculo da alma se torna possível. Sob esse ponto de vista, talvez exista dentro do conceito de "arte" muito mais coisas do que habitualmente se crê.

292.

Um filósofo: um homem a vivenciar, ver, ouvir, desconfiar, anelar e a sonhar de modo constante com coisas extraordinárias; um homem atingido por seus próprios pensamentos, como se vindos do mundo externo, tanto por cima quanto por baixo, como *seu* próprio tipo de experiências e relâmpagos; ele próprio talvez seja uma tempestade fecundada por novos relâmpagos; um homem funesto em torno de quem sempre há murmúrio, rugido, abertura e meios misteriosos. Um filósofo: ah, um ser a fugir muitas vezes de si mesmo, a sentir muitas vezes medo de si mesmo – mas não obstante curioso demais para não *retornar a si*...

293.

Um homem que diz: "Isso me agrada; eu me aproprio desse bem e quero protegê-lo, defendendo-o de tudo"; um homem que assume uma questão, que cumpre uma decisão, que mantém fidelidade a um pensamento, que conserva uma mulher, que pode punir e lançar por terra um atrevido; um homem em posse de sua ira e de sua espada e a quem os fracos, sofredores, oprimidos e também os animais recorrem e pertencem por natureza; enfim, um homem *senhor* por natureza – caso um tal homem tenha compaixão, *esta* terá valor! Mas que mérito existe na compaixão daqueles que sofrem! Ou daqueles que só *pregam* a compaixão! Hoje há em quase toda parte da Europa uma patológica sensibilidade e irritabilidade para a dor, bem como uma desagradável incontinência no reclamar, uma suavidade que bem desejaria se revestir de algo mais elevado como a religião e inutilidades filosóficas – evidencia assim um culto formal ao sofrimento. Ao que me parece, a *afeminação* do que batizam agora como "compaixão" em tais círculos entusiastas é a primeira coisa a saltar aos olhos – convém excomungar vigorosa e profundamente essa nova forma de mau gosto; e, diante desse quadro, desejo afinal que se coloque sobre o coração e em torno do pescoço o bom amuleto do "*gai saber*" – o da "gaia ciência" para dizê-lo mais claramente aos alemães.

294.

O vício do Olimpo. – Isso para a contraposição àquele filósofo que, como autêntico inglês, procurou difamar o riso junto a todas as cabeças pensantes – "O riso é um sofrimento grave da natureza humana que toda cabeça pensante se esforçará para superar" (Hobbes), eu me permitiria até fazer uma graduação dos filósofos conforme o grau do seu riso – culminando naqueles capazes de irromper em uma *risada de ouro*. E supondo que também os deuses filosofem, conclusão a que já cheguei, não duvido portanto que também saibam rir de modo sobre-humano e novo – e isso a custo de todas as coisas sérias! Deuses são criaturas escarnecedoras: parece que mesmo nas ações sagradas eles não conseguem deixar de rir.

295.

O gênio do coração, tal como o possui aquele grande mestre do ocultamento, deus-tentador e influenciador nato da consciência, cuja voz sabe descer toda alma, ao submundo de profundezas, ele que não pronuncia uma palavra nem lança um olhar isento de consideração e de sedução aliciadora, ele cuja maestria inclui o saber aparentar – não o que ele verdadeiramente é, e sim aquilo que, para os que o seguem, representa uma obrigação a *mais* – para assim sempre compeli-los para mais próximo de si, levando-os a segui-lo de modo sempre mais internalizado e completo: o gênio do coração, que faz emudecer e ensina a saber ouvir tudo o que seja sonoro e vaidoso, que suaviza as almas rudes e lhes oferece uma nova exigência ao paladar – a de permanecer calmo como um espelho, de maneira a nele refletir o céu profundo –; o gênio do coração, que faz hesitar a mão rude e afobada e a ensina a segurar com maior graça, que descobre o tesouro oculto e escondido, bem como uma gota de bondade e a mais doce espiritualidade sob o gelo turvo e espesso, e é um ímã para qualquer pepita de ouro desde muito aprisionada sob muita lama e areia; o gênio do coração, por cujo contato qualquer um segue seu caminho mais rico, não abençoado e surpreso, não como favorecido e coagido por uma bondade estranha, e sim mais rico de si mesmo, renovado como nunca, quebrantado, arejado e examinado pelo vento primaveril, talvez inseguro, delicadamente vulnerável e quebradiço, porém cheio de esperanças ainda sem nome, pleno de novo querer e fluir, pleno de novo relutar e refluir... mas o que faço, meus amigos? De quem lhes falo? Teria me esquecido por tanto tempo de que nem sequer disse o nome dele? A menos que já tenham adivinhado por si mesmos quem é esse espírito e deus que deseja ser *louvado* dessa maneira. Como ocorre com todo que, desde criança, esteve sempre a caminhar e avançar pelo desconhecido, também alguns espíritos singulares e não pouco perigosos correram de encontro a mim nesse caminho, mas sobretudo aquele de quem acabei de falar, que o fazia de modo recorrente e nada mínimo, o deus *Dionísio*, aquele grande obsceno e deus-tentador a quem eu uma vez, como sabem, ofereci meus primeiros frutos, com todo o sigilo e reverência – ao que parece, fui o último a lhe oferecer um *sacrifício*: não encontrava mais ninguém capaz de compreender o que eu fazia então. Nesse ínterim, aprendi muito, muitíssimo, sobre a filosofia desse deus e, como foi dito, aprendi em diálogo boca a boca – eu, o último neófito e iniciado do deus Dionísio: e eu não deveria começar afinal a vos ministrar, meus amigos, um pouco dessa filosofia na medida em que me é permitido fazê-lo? Naturalmente, a meia-voz: pois tratam-se de coisas secretas, novas, estranhas, maravilhosas, inquietantes. Já o fato de que Dionísio é um filósofo, e de que os deuses também filosofam, portanto, parece-me uma novidade nada inofensiva e talvez provocadora de desconfiança justamente entre filósofos – mas entre vocês, meus amigos, ela já tem menor oposição, a não ser que chegue tarde demais e em hora inadequada: pois hoje, segundo me revelaram, creem com relutância em Deus e nos deuses. E talvez não tenha na franqueza da minha narrativa, de ultrapassar os limites do que é agradável aos rigorosos hábitos de seus ouvidos? Por certo o referido deus prosseguiu com tais diálogos, indo muito mais além e sempre se mantendo muitos passos à minha frente... Sim, caso fosse permitido lhe dar, conforme as necessidades humanas, belos e festivos nomes denotativos de pompa e de virtude, eu ofereceria muitos elogios por sua coragem de pesquisador e descobridor, por sua ousada eloquência em transformar a veracidade e o amor em sabedoria. Todavia, um tal deus não sabe fazer coisa alguma com todos esses veneráveis trapos e ostentação. "Guarda isso para ti, para teus iguais e quem mais precisar!", diria ele. "Eu – não tenho motivo algum para cobrir minha nudez!" – Pode-se perceber: talvez falte vergonha a esse tipo de divindade e de filósofo! – E ele acrescentou em dado momento: "Eventualmente eu amo o homem" – fazia alusão à presença de Ariadne –, "acho o homem um animal agradável, valente, criativo e único sobre a Terra, ele se situa bem em todos os labirintos. Sou benevolente para com ele: muitas vezes reflito sobre como fazê-lo avançar e torná-lo mais forte, mau e profundo do que ele é." –"Mais forte, mau e profundo?", perguntei aterrorizado. E disse ele outra vez: "Sim, mais forte, mau e profundo; também mais belo" – e então o deus-tentador sorriu à sua maneira alciônica, como se acabasse de dizer uma amabilidade encantadora. Aqui se vê ao mesmo tempo: a esta divindade não falta apenas vergonha –; e de fato há bons motivos para a suposição de que em algumas partes os deuses poderiam aprender junto com os homens. Nós, seres humanos, somos – mais humanos...

296.

Oh, o que são mesmo vocês, vocês, meus pensamentos escritos e pintados! Não faz muito eram ainda tão matizados, jovens e travessos, cheios de espinhos e temperos secretos com os quais me faziam espirrar e rir – mas e agora? Já se despiram de seu frescor, e alguns já estão, eu receio, prontos para se tornarem verdades: já tão imortais, tão pungentemente íntegros, tão enfadonhos! E alguma vez foi diferente? Quais coisas reescrevemos e repintamos nós, mandarins com pincel chinês, nós, eternizadores das coisas que *se deixam* escrever, e o que somos apenas capazes de pintar? Oh, sempre é apenas aquilo que deseja murchar e que começa a exalar mau cheiro! Oh, apenas tempestades já dissipadas e esgotadas e sentimentos palidamente tardios! Oh, apenas aves sempre a voar, já cansadas e desorientadas que se deixam capturar com a mão – a *nossa* mão! Nós eternizamos o que não mais pode viver nem voar por muito mais tempo, apenas coisas cansadas e desgastadas! Somente para sua *tarde* eu tenho cores, meus pensamentos escritos e pintados, talvez muitas cores, muitas matizadas ternuras e cinquenta tons de amarelo, marrom, verde e vermelho – contudo, ninguém conseguirá me dizer como pareceram em sua amanhã, vocês, faíscas e maravilhas súbitas da minha solidão, vocês, meus velhos e amados – pensamentos *maus*!

Das altas montanhas

Canção-epílogo

AUS HOHEN BERGEN
Nachgesang

O Lebens Mittag! Feierliche Zeit!
    O Sommergarten!
Unruhig Glück im Stehn und Spähn und Warten: —
Der Freunde harr ich, Tag und Nacht bereit,
Wo bleibt ihr, Freunde? Kommt!'s ist Zeit!'s ist Zeit!

Wars nicht für euch, dass sich des Gletschers Grau
    Heut schmückt mit Rosen?
Euch sucht der Bach, sehnsüchtig drängen, stossen
Sich Wind und Wolke höher heut ins Blau,
Nach euch zu spähn aus fernster Vogel-Schau.

Im Höchsten ward für euch mein Tisch gedeckt —
    Wer wohnt den Sternen
So nahe, wer des Abgrunds grausten Fernen?
Mein Reich — welch Reich hat weiter sich gereckt?
Und meinen Honig — wer hat ihn geschmeckt?...

DAS ALTAS MONTANHAS
Canção-epílogo

Oh, vida do meio-dia! Tempo festivo!
 Oh, jardins de verão!
Em inquieta ventura de espera espreitarão: –
Aos amigos aguardo dia e noite receptivo,
E tu, amigo? Vinde! É tempo imperativo!

Não foi para vós que o cinzento das geleiras
 De rosas hoje está a se florir?
O regato a ti procura ao empurrar, impelir
Vento e nuvem ao azul da maior das alturas,
Após espreitáreis com olho d'ave nas capturas.

De modo supremo minha mesa foi a vós servida –
 Quem mora das estrelas
Tão perto, e do abismo à mais terrível distância pode vê-las?
Meu reino – qual reino se estendeu mais ainda?
E meu mel – quem já o saboreou em vida?...

— Da *seid* ihr, Freunde! — Weh, doch *ich* bins nicht,
Zu dem ihr wolltet?
Ihr zögert, staunt — ach, dass ihr lieber grolltet!
Ich — bins nicht mehr? Vertauscht Hand, Schritt, Gesicht?
Und was ich bin, euch Freunden — bin ichs nicht?

Ein andrer ward ich? Und mir selber fremd?
Mir selbst entsprungen?
Ein Ringer, der zu oft sich selbst bezwungen?
Zu oft sich gegen eigne Kraft gestemmt,
Durch eignen Sieg verwundet und gehemmt?

Ich suchte, wo der Wind am schärfsten weht?
Ich lernte wohnen,
Wo niemand wohnt, in öden Eisbär-Zonen,
Verlernte Mensch und Gott, Fluch und Gebet?
Ward zum Gespenst, das über Gletscher geht?

— Ihr alten Freunde! Seht! Nun blickt ihr bleich,
Voll Lieb und Grausen!
Nein, geht! Zürnt nicht! Hier — könntet *ihr* nicht hausen:
Hier zwischen fernstem Eis-und Felsenreich —
Hier muss man Jäger sein und gemsengleich.

Ein *schlimmer* Jäger ward ich! — Seht, wie steil
Gespannt mein Bogen!
Der Stärkste wars, der solchen Zug gezogen — —:
Doch wehe nun! Gefährlich ist *der* Pfeil,
Wie *kein* Pfeil, — fort von hier! Zu eurem Heil!...

– Aí estais, amigos! Pena não ser mais o mesmo,
  Mas o que queríeis?
Hesitais, espantados – ah, preferia ainda que vociferásseis!
Eu – não o sou mais? Confundis mão, passo, rosto?
E, caros amigos, ainda não estou eu – *no meu posto*?

Tornei-me outro? A mim mesmo estranho?
  Fugitivo de mim mesmo?
Um lutador a vencer a si demasiadas vezes a esmo?
Demasiado dormente ante a força do próprio punho,
Baixo em susto a guarda e contra minha vitória sonho?

Procurei eu onde o vento sopra mais cortante?
  Aprendi a morar,
Onde ninguém mora; nas zonas desérticas do urso polar,
Desaprendi sobre Homem e Deus, maldição e oração temente?
Tornei-me fantasma a caminhar sobre glaciar congelante?

– Velhos amigos! Vede! Pálidos olham agora,
  Cheios de amor e terror!
Não! Ide sem ira! Aqui – não poderíeis um lar supor:
Aqui, entre longínquos reinos; só gelo e rocha por ora –
Aqui, deve-se ser o caçador e carneiro montês de outrora.

Tornei-me caçador *mau*! – Vede como posso
  Retesar meu arco em ação!
Mais forte quem tensionou tal tensão – –:
Mas dispara agora! Perigoso é o flechar nosso,
Voa daqui a seta, como *nenhuma* outra! Para o bem vosso!...

Ihr wendet euch? — O Herz, du trugst genung,
Stark blieb dein Hoffen:
Halt *neuen* Freunden deine Türen offen!
Die alten lass! Lass die Erinnerung!
Warst einst du jung, jetzt — bist du besser jung!

Was je uns knüpfte, einer Hoffnung Band —
Wer liest die Zeichen,
Die Liebe einst hineinschrieb, noch, die bleichen?
Dem Pergament vergleich ichs, das die Hand
Zu fassen *scheut* — ihm gleich verbräunt, verbrannt.

Nicht Freunde mehr, das sind — wie nenn ichs doch? —
Nur Freunds-Gespenster!
Das klopft mir wohl noch nachts an Herz und Fenster,
Das sieht mich an und spricht: "wir *warens* doch?"
— O welkes Wort, das einst wie Rosen roch!

O Jugend-Sehnen, das sich missverstand!
Die *ich* ersehnte,
Die ich mir selbst verwandt-verwandelt wähnte,
Dass *alt* sie wurden, hat sie weggebannt:
Nur wer sich wandelt, bleibt mit mir verwandt.

O Lebens Mittag! Zweite Jugendzeit!
O Sommergarten!
Unruhig Glück im Stehn und Spähn und Warten!
Der Freunde harr ich, Tag und Nacht bereit,
Der *neuen* Freunde! Kommt! 's ist Zeit! 's ist Zeit!

Já se voltam? – Oh, coração, suportaste bastante,
    Forte permanece o teu esperar:
E deixa a tua porta a *novos* amigos escancarar!
Deixa o velho! Deixa a recordação distante!
Eras jovem, agora – és mais jovem a cada instante!

Aquilo que sempre nos uniu, aquele vínculo da esperança –
    De quem lê os vestígios do passado,
Do amor outrora inscrito, mesmo aquele quase apagado?
Eu o comparo ao pergaminho, ao qual a mão mal avança
temendo também o escurecer e o queimar como herança.

Não mais amigos; eles são – como mesmo se chamavam? –
    Só fantasmas de amigos!
Talvez a me bater no coração e janela à busca de noturnos abrigos,
A me fitar e falar: "*Éramos* nós mesmos?", indagavam.
– Oh, palavras murchas, que outrora como rosas cheiravam!

Oh, anelos juvenis sem autocompreensão!
    Aqueles por quem ansiei,
dos quais eu mesmo parente transformado me imaginei,
Para longe banidos quando *envelhecidos* estão:
Só os que caminharão, parentesco comigo terão.

Oh, viver do meio-dia! Retorna a juventude!
    Oh, jardins de verão!
Em inquieta ventura da espera espreitarão!
Aos amigos aguardo, dia e noite receptivo,
O *novo* amigo! Vem! É tempo, é tempo ativo!

Dies Lied ist aus — der Sehnsucht süsser Schrei
    Erstarb im Munde:
Ein Zaubrer tats, der Freund zur rechten Stunde,
Der Mittags-Freund — nein! fragt nicht, wer es sei —
Um Mittag wars, da wurde Eins zu Zwei...

Nun feiern wir, vereinten Siegs gewiss,
    Das Fest der Feste:
Freund *Zarathustra* kam, der Gast der Gäste!
Nun lacht die Welt, der grause Vorhang riss,
Die Hochzeit kam für Licht und Finsternis...

Esta canção acabou – o mais doce grito da saudade
    Ainda na boca morria:
Obra de um mago, que amigo na hora certa seria,
O amigo do meio-dia – não! Nada sobre ele deves indagar –
Por volta de meio-dia, Um pôde em Dois se transformar...

Celebremos agora, certos de conjuntas vitórias,
    A festa das festas:
Zaratustra, o hóspede dos hóspedes, vem como os profetas!
O mundo já ri, rasgando a horrível cortina,
Vêm as núpcias, entre Luz e Trevas...

Posfácio à edição de bolso
Para além do bem e do mal

Supondo que a verdade seja uma mulher... sob esta provocação, Nietzsche inicia a apresentação de *Para além do bem e do mal*, abrindo a frente de combate aos filósofos dogmáticos. O mote inicial será perseguido pela obra, aditado de outros na linha de desmontagem crítica das invenções da Modernidade. Na obra, não há um fora dentre os temas elencados e perspectivados por Nietzsche, como se todos convergissem em um diálogo interno inesperado, cujo resultado é a compreensão da filosofia em nova chave de análise e de crítica ou o abandono do que até então se compreendia por filosofia. Sobretudo, o mar das idealizações.

Pensado e anotado em parte antes de sua conclusão, em 1885, *Para além do bem e do mal* foi publicado no ano seguinte com edição de trezentos exemplares bancada pelo autor. A obra foi, inicialmente, pouco ou nada compreendida. Salvo os comentários de amigos da Universidade da Basileia, como o do historiador Jacob Burckhardt, que a elogiou como de costume fazia com as obras de Nietzsche desde a publicação de *O nascimento da tragédia no espírito da música*, de 1871. Sobre o livro em pauta, escrito logo após *Zaratustra*, o próprio Nietzsche declara: "A tarefa para os anos seguintes estava traçada da maneira mais rigorosa. Depois de resolvida a parte de minha tarefa que diz Sim, era a vez da sua metade que diz Não, que *faz o Não...*" A propósito desta consideração que remete o leitor ao livro *Zaratustra* e anuncia a obra *Para além do bem e do mal*, Nietzsche escreve: "Este livro (1886) é, em todo o essencial, uma *crítica da modernidade*, não excluídas as ciências modernas, as artes modernas, mesmo a política moderna, juntamente com indicações para um tipo antitético que é o menos moderno possível, um tipo nobre, que diz Sim." Prossegue afirmando que, "neste sentido, o livro é uma *escola de gentilhomme*, entendido o conceito de maneira mais espiritual e *radical* do que nunca. É preciso ter dentro de si coragem para simplesmente suportá-lo, é preciso não haver aprendido a temer..."*

Nunca é demais ressaltar as qualidades mais evidentes de *Para além do bem e do mal*: livro denso, complexo, maduro, a revolver praticamente toda a história da filosofia, desde o "desejo de verdade", as marcas antiPlatão, a importância e o limite de Epicuro, antiKant, antiModernidade, o dogmatismo e o lugar do filósofo. Bem demarcado e fundamentado pelo *perspectivismo* como chão metódico, o registro de sua filosofia a jogar luz nos lugares abjetos, esquecidos ou de desinteresse dos filósofos – *os impulsos*.

O Arquivo Nietzsche, fundado em 1894 para "organizar a publicação de todos os seus escritos" tanto fez bem quanto mal à sua obra, pois sua arquivista e editora, Elizabeth Förster-Nietzsche, irmã do filósofo, descontado o mérito da iniciativa, "foi responsável direta pela manipulação indevida, subtração e falsificação de textos, cartas e manuscritos, além da mistificação consistente em duas edições (de 1901 e 1906) de um livro apócrifo, com o título de *A vontade de poder*, que pretensamente corresponderia ao essencial do pensamento definitivo de Nietzsche e que, hoje em dia, é considerado pela maioria dos comentadores abalizados como filosófica e editorialmente espúrio e insustentável."**

A par da fecunda pesquisa acadêmica nacional da obra de Nietzsche, iniciada nos anos 1970, há que se destacar o artigo pioneiro de Antonio Candido, intitulado "O Portador", de

*"Além do bem e do mal. Prelúdio a uma filosofia do futuro." 1, 2. *In* NIETZSCHE. *Ecce Homo. Como alguém se torna o que é*. 2ª edição. Tradução de Paulo César e Souza. São Paulo: Cia. das Letras, 1995, p. 95.

**"Quem foi Friedrich Nietzsche." *In*: NIETZSCHE. *Para a genealogia da moral*. Adaptação de Oswaldo Giacoia Júnior. São Paulo: Scipione, 2001, p. 12. Série Reencontro Filosofia.

1946, escrito para colocar o filósofo no lugar correto e justo no campo da Filosofia Contemporânea, uma vez que a *psicologia do rumor* pretendia atrelar a filosofia nietzschiana ao pangermanismo hitleriano.

No Brasil, a primeira divulgação da obra de Nietzsche foi trabalho de socialistas libertários, anarquistas, que, como parte da propaganda de seu ideário político, incluíam recortes de textos do filósofo em seus jornais e revistas no início do século passado. Os escritores do movimento modernista, por certo, leram Nietzsche, ou ao menos tomaram conhecimento de seu pensamento, como Oswald de Andrade, Paulo Prado e Mário de Andrade. Contudo, somente nos anos 1970 tiveram início os estudos acadêmicos sistemáticos da obra nietzschiana, balizados pela leitura de Heidegger e, após, também pela de Foucault e de Deleuze. Até o momento em que foi possível começar a ler Nietzsche por ele mesmo, como parece ocorrer nos dias atuais.

A recepção do filósofo no Brasil inclui o genial filme *Dias de Nietzsche em Turim*, de Júlio Bressane, de 2004. Em verdade dos últimos dias de lucidez do filósofo, o filme é sustentado por fina pesquisa da correspondência ativa de Nietzsche, dentre outras fontes. Entre 1955 e 1956, o poeta Murilo Mendes escreveu o livro *Retratos relâmpago*, em que há um poema intitulado "Nietzsche". Nele, transparece o alto índice de compreensão de Mendes da filosofia do alemão sob a ótica do catolicismo.

Dado o mote fundador da verdade para o campo da filosofia – "com que perguntas esse desejo pela verdade já nos deparou!" –, o tema não escapou a Noel Rosa, nos versos da canção "Positivismo": "A verdade, meu amor, mora num poço / É Pilatos lá na Bíblia quem nos diz / E também faleceu por ter pescoço / O infeliz autor da guilhotina de Paris."

Antonio Valverde

Professor do Departamento de Filosofia da PUC-SP
e do Departamento de Fundamentos Sociais
e Jurídicos da EAESP–FGV.
ajrvalverde@uol.com.br

EDIÇÕES
BestBolso

Este livro foi composto na tipologia Minion Pro Regular, em corpo 10,5/13, e impresso em papel off-set 56g/m² no Sistema Cameron da Divisão Gráfica da Distribuidora Record.

TAMBÉM DISPONÍVEL EM EDIÇÃO DIGITAL. ISBN DO EBOOK: 978-85-7799-527-1